国家出版基金项目
NATIONAL PUBLICATION FOUNDATION

上海高校服务国家重大战略出版工程资助项目

城市公共经济与社会治理创新研究丛书

总主编　吴柏钧

城市公共服务空间布局特征及综合能力评价

陈婉珍　汪　雪　著

華東理工大學出版社
EAST CHINA UNIVERSITY OF SCIENCE AND TECHNOLOGY PRESS
·上海·

图书在版编目(CIP)数据

城市公共服务空间布局特征及综合能力评价 / 陈婉珍,汪雪著.—上海:华东理工大学出版社,2022.7

ISBN 978-7-5628-6753-1

Ⅰ.①城… Ⅱ.①陈… ②汪… Ⅲ.①城市—公共服务—研究—中国 Ⅳ.①D669.3

中国版本图书馆 CIP 数据核字(2021)第 261758 号

审图号:沪 S(2022)006 号

内 容 提 要

本书积极响应国家推进大数据发展和应用的方针,采用新型、先进的大数据方法和技术,对上海市基本公共服务的空间配置现状进行分析,对其规模、空间布局和规划提出改善建议和措施,以期提高医疗、基础教育等公共服务的质量和效率,推进其均等化进程,为政府及有关部门提供较为客观、准确、具体的决策支持。

全书分 8 章,首先介绍了理论概念、研究基础,其次详细阐述了我国尤其是上海市的城市公共服务发展状况以及国外基本公共服务建设的经验,包括重要数据来源和基本处理方法、城市公共服务供给能力评价、公共服务资源均等化评价、城市基本公共服务的影响因素及典型案例分析,最后系统性地提出了提高公共服务资源效率的策略。

本书可供从事城市基本公共服务配置研究的政府、高校、研究机构的专业人员借鉴学习,也可作为高等院校社会学、管理学等专业的参考用书。

项目统筹 / 马夫娇　韩　婷
责任编辑 / 章斯纯
责任校对 / 张　云
装帧设计 / 吴佳斐
出版发行 / 华东理工大学出版社有限公司
地址:上海市梅陇路 130 号,200237
电话:021-64250306
网址:www.ecustpress.cn
邮箱:zongbianban@ecustpress.cn
印　　刷 / 上海中华商务联合印刷有限公司
开　　本 / 710 mm×1000 mm　1/16
印　　张 / 12.5
字　　数 / 201 千字
版　　次 / 2022 年 7 月第 1 版
印　　次 / 2022 年 7 月第 1 次
定　　价 / 158.00 元

城市公共经济与社会治理创新研究丛书

总　序

中国经济社会经历40余年的快速发展后，近些年呈现出一些新的特点。在经济增长与结构变动方面，一个显著的特点是公共产品部门对国民经济增长的贡献率持续上升。尤其是在2008年世界金融危机以后，为抵御经济衰退，维持较高速度的经济增长和社会稳定，我国政府在公共基础设施建设上持续投入了大量的资金。同时，在城市化和人口制度变革的背景下，为满足人们日益增加的社会福利需要，政府加大了对教育、卫生、安全和社会保障等公共服务领域的投入，这使得经济性和社会性公共产品的供给成为社会总供给的重要组成部分，甚至在一些年份公共产品投资和供给已成为边际经济增长的决定性因素。

在社会发展和结构变化方面，尽管整体的社会形态和权力结构变动较小，但新移民阶层、中等收入阶层和私人资本阶层等基于现代经济活动而产生的社会力量不断增加，对经济和社会发展的影响力也日益增强，这些新兴的社会势力正潜移默化地改变着我国的社会结构，深刻影响着社会利益格局。同时，在人们生产和生活方式日益市场化和社会化的过程中，基层民众的思想观念、社会需要和诉求也发生了很大变化，这为社会治理中如何精准掌握人们的需求偏好和行为动态增加了难题，对如何有效实施公共服务提出了挑战。此外，随着生产方式变化和经济活动空间扩大，人们的社会流动性不断增加，已经远远超出了行政区域所能管辖的范围，这对传统的行政管理体制和政府自上而下的治理机制产生了巨大挑战，对现代政治建设和经济建设中如何重构基层社会治理结构和治理机制提出了新的要求。

当前社会经济变革与转型使我们难以对未来的发展形成确定性的判断。但如果不考虑政治制度变迁因素，我们或许能清晰地认识一些社会经济演变的规律。纵观人类社会发展的历史，技术的变化、生产方式变革和市场扩张等为人们摆脱自然环境束缚、追求富足的生活提供了经济保障，但私人产品部门的发展却难以保证社会成员享有公平的、安全的发展环境。而公共产品部门的发展，无论是在计划经济制度还是市场经济制度下，公共物品和公共服务的供给均为社会成员带来共同享有的社会福利增进。因此，上述两个部门的功能特征及所产生的社会作用，要求一国经济发展过程中必须合理配置资源于私人产品部门和公共产品部门，否则会导致经济和社会关系的失衡。与此同时，许多国家在私人产品部门发展过程中，伴随社会财富的增加，环境破坏、贫富差异和社会不公现象却日益严重，而公共产品部门发展在提升社会福利水平和安全保障的过程中又产生了资源错配、供给效率低下、官僚特权和行政垄断等问题。所以，人们始终在寻求适宜的制度去约束私人产品部门的过度竞争、负外部性和贫富差距扩大，也试图通过制度安排来改善公共产品部门发展中的供给效率和社会效益。

从各国经济发展趋势来看，随着经济的发展和居民收入水平的提高，公共产品部门在经济社会发展中的作用和地位在逐步提升，其资产规模和在社会总供给中的比重在不断增加，这反映了社会经济不断发展的一种状态和趋势。参考各国公共产品部门发展的规律，改革开放后我国公共产品部门的快速发展也是经济社会变化的体现和规律趋势。但我们必须清醒地意识到，在急剧变动的社会经济发展环境中，不仅私人产品部门的增长会遇到技术、市场和制度变化的影响，公共产品部门的发展也将面临许多新的挑战。

第一，如何合理和有效地配置社会经济资源于私人产品部门与公共产品部门的问题。这需要全面地掌握经济和社会的客观需求，并以有效的机制进行资源配置，实现两个部门的供给与个人、社会需求的均衡状态，达到适度的经济增长与社会福利增进的平衡，从而在发展中基本实现经济效率和社会公平两个目标。

第二，如何有效供给公共产品问题，特别是根据中国的国情，从理论上和实践中解决真实地显示民众需求偏好问题，采取合适的公共选择方式，让公众参与到公共产品项目的选择和决策体系中来。这一问题涉及一国的公共产品供给体制与机制，也涉及政治、技术、市场和社会文化等因素，但核心问题在于政治经济体制的安排和机制的设计。如何破除原先“全能型政府”的窠臼，真正做到以人民为中心，政府应有所为而有所不为，放权给基层，为社会组织的发育及其履行社会治理职能释放空间。同时，政府也要通过制度安排和政治程序，改革现有的政府主导的公共产品供给机制，探讨适合中国国情的多元主体合作的公共产品供给机制。

第三，如何打造共建共治共享的社会治理格局，建立“人人有责、人人尽责、人人享有”的社会治理共同体，怎样建立中国共产党领导下政府、社会组织和公众融为一体的社会治理体系，如何激发民众参与社区治理的热情，提高社区工作者、社区事务参与者的能力和水平。

第四，如何创新基层治理方式问题。这要求基层社会治理成为国家治理的基石和重心，成为国家治理体系和治理能力现代化的基础性环节。同时，政府要通过制度安排和法治手段消除基层治理的“空转”现象，建立适应多元治理主体的治理方式，摆脱社区机构及其事务的行政化困境，探索社区基层组织的去行政化改革路径，构建社区基层组织在资源筹措、公共服务提供、公共事务决策中的运行体系和运行机制。

第五，如何基于互联网、大数据和人工智能等新技术，创新公共产品生产和供给方式，提高公共服务效率，提升社区基层治理绩效。这要求不断完善法律法规，使公共服务部门合法地利用信息技术获取社会成员对公共产品和服务的真实需求，为公共决策提供充足信息，为公共服务的监督和绩效评估提供技术手段，以实现有效配置资源和有效供给的目标。

基于上述对中国社会经济长期发展和结构变化的思考和理解，华东理工大学社会科学高等研究院专门成立了研究团队，确立了以探索中国经济社会发展中的公共经济与社会治理问题为研究宗旨，希望在宏大的社会经济变迁格局下，立足社会基层和微观经济层面，对中国社会经济的发展有一个细微的观察和局部的剖析。这些年来，在华东理工大学成长起来的一批公共经济学、社会学和公共管理学科的年轻教师聚焦于公共经济与基层社会治理研究领域，承担了诸多国际合作和国家基金的课题，他们大致围绕三大主题开展了一系列研究：一是研究公共产品部门发展的基本理论与中国的实践，特别是通过学科交叉研究和多研究范式融合，探讨社会发展过程中公共经济与社会治理的结构关系和内在机制；二是在互联网、大数据和人工智能等新技术条件下研究公共经济和社会治理的新方式与新形态；三是对公共基础设施、公共服务、社区基层治理等领域开展社会调查、田野实验和经验实证分析，试图发现一些具有中国特色的、有益的实践经验，以检讨和修正经典的理论观点，拓展理论研究的范畴。本丛书就是我们对前期研究工作的一个初步总结，各分册也大致体现了这几个方面的研究主题。

本丛书的内容主要涉及公共经济、社会治理和社会政策领域。不论属于哪个学科，研究大都基于公共经济学和公共管理学理论，以跨学科的方式来探讨公共经济和社会治理中的科学问题；针对政策问题，我们也以不同学科的视角加以研究。丛书中有 5 本著作可以归属于公共经济领域。其中，《城市公共产品有效供给机制研究》梳理了公共产品供给理论和研究文献，探讨了我国公共产品供给的机制及其改革得失，重点对城市公共基础设施和公共服务领域的投融资、生产和分配进行了实证分析。《城市基础设施与经济发展研究》总结了中国社会 70 年来在基础设施建设方面所取得的成就与面临的挑战，从财政分权和比较制度分析等理论视角揭示了基础设施影响地区经济发展的内在机制；利用计量经济分析探索了中国基础设施建设对市场融合、开放发展和民生改善的影响，从政治经济学理论视角提出了基础设施供给模式创新的理论与实现路径。《环境公共品的有效供给机制及路径研究》对多种环境公共品的供给机制进行了研究，重点研究了人们较少关注的家庭部门在环境治理中的功能与行为模式；把家庭部门作为供给主体，将代际因素纳入分析框架，并基于环境公共品的三种价值评估法构建了环境公共品的有效供给理论模型。《城市公共服务空间布局特征及综合能力评价》基于大数据技术，对城市公共服务的发展过程、资源规模、空间布局及服务能力等状况进行了综合分析，客观分析了影响城市公共服务的因素，并提出了优化城市公共服务的策略。有意思的是，《城市共享平台的多元协同治理研究》以共享经济为研究对象，探讨了广泛存在的私人产品公共性问题，该书全面梳理了国内外城市共享平台的发展模式、治理经验及作用机制，提出了自行治理优先、政府监督、社会辅助的共享平台多元协同治理的概念。这项研究突破了传统的城市公共产品供给限制，对新技术环境中私人产品公共消费和生产方式的革命性变化进行了开创性研究。从总体上来看，这些著作以基础设施、环境保护、污染治理等城市主要公共物品和公共服务为研究对象，分析了我国城市公共产品供给的特征及内在运作机制，并对公共产品有效供给提出了制度改革方案和政策建议。

丛书中有5本著作研究了城市社会治理问题。《城市移民与公共治理研究》把城市治理放在城市化过程中加以考察，研究了如何从移民管制转化为移民服务，并借以提升移民治理水平，使移民尽快融入城市。《城市公共安全风险防控体系研究》针对城市公共安全事故频发的现实，系统分析了城市公共安全问题的源头和类型，在深刻解析城市安全风险发生原因的基础上，探讨了有效的安全风险防控内在机制，构建了城市安全风险防控体系。《城市基层矛盾纠纷化解的社会机制研究》以近年来蓬勃发展的人民调解组织为例，剖析以其为代表的社会力量参与城市基层矛盾纠纷化解的现实需求、功能定位、组织网络、运作机制与发展逻辑等，以探索“中国式风险社会”的社会治理机制。《城市社区治理中整合性服务模式建构研究》以上海社区基层治理实践为例，从街道体制改革、政府购买服务、社区社会组织发展和社会力量参与社会治理与社区工作者队伍建设等各个角度考察了基层社会治理的发展状态，深度揭示了基层社会治理存在的新问题，剖析了深层次的社会性和结构性原因，并在此基础上探索现代基层社会治理的治理元素、创新流程和关键环节，提出了构建特大城市基层社会治理体系和实务模式的新设想。《中国城市社区基金会发展及运作研究》以城市社区基金会为研究对象，对行政驱动逻辑下社区基金会的成长环境、本土化特征、治理结构、功能进行了实证分析，以此探讨了中国政治体制下的基层社会组织的发展路径和运行机制。

本丛书出版之际，中国正在经历新型冠状病毒肺炎疫情。在经历“非典”疫情不到20年的时间里，此次规模巨大的全球性公共卫生灾难的暴发再次证明人类尊重自然规律的重要性，同时也提醒我们，应不断反思公共卫生体制和机制改革的有效性问题，反思现行社会治理体制的弊端和公共政策实施的偏差问题。值得欣慰的是，疫情在我国得到了很好的控制，特别是抗疫措施在全国范围内得到严格实施，这充分显示了社区基层组织在公共事件中的动员能力和应对能力，表明了社会治理制度变革中建立基于社会组织和民众参与的多元供给机制的重要性，也再次证明了在现代化强国的建设过程中建立有效的公共产品供给制度的重要性。

本丛书的出版得到了国家出版基金和上海市文教结合“高校服务国家重大战略出版工程”的资助。能够获得资助且得到高质量的出版，也要感谢华东理工大学出版社的鼎力支持和编辑的辛勤劳动！

吴柏钧

2020 年 5 月 20 日

前 言

foreword

党的十九大报告指出，我国社会主要矛盾已经转化为人民日益增长的美好生活需要和不平衡不充分的发展之间的矛盾。要解决发展的不平衡不充分的问题，需要加快推进基本公共服务均等化。国务院印发的《“十三五”推进基本公共服务均等化规划》提出，要建立更加完善的基本公共服务体系，在教育、医疗、社会救助、社会保障等方面持续取得新进展，总体实现基本公共服务均等化。政府应依法为全体居民提供均等化的社会服务，国务院批复的《国家基本公共服务标准》确定了基本公共服务评价成为政府履职尽责的重要依据。因此，缩小城乡居民生活保障差距、提升公共服务均等化和公平化，对于弘扬公平正义的社会风气、增进人民福祉和提升幸福感、实现中华民族伟大复兴的中国梦具有重要意义。

城市公共服务设施在提升居民生活质量的过程中发挥着举足轻重的作用，是全面建成小康社会的重要保障。开展城市公共服务资源空间评估与优化配置研究，对解决公众公共服务资源需求与服务供给的矛盾，以及指导政府部门决策均具有重要意义。目前，我国基本公共服务仍存在“供给不足”和“空间错配”等问题，且地区间、城乡间和区域内部的差距较大。作为中国的超大城市和长三角城市群的龙头，上海外来人口多、交通负荷大，城市公共服务的现状问题较为复杂，空间配置的错位和不均衡带来了诸多问题。上海市人民政府于 2021 年 5 月印发的《上海市基本公共服务“十四五”规划》中提出，到 2025 年，全面建成城乡一体、方便可及、公平高效、均衡普惠、高质量发展的基本公共服务体系，卫生、养老、文化、体育等城镇社区公共服务设施 15 分钟步行可达覆盖率达到 85%左右。作为公共服务中最基础和核心的部分，本书关注的基础教育、公共卫生和养老服务等是公民基本社会权利、基础性社会福利的重要保障。因此，开展聚焦于提升城市公共服务能力和质量的研究，具有重要的理论和实践价值。

井喷式发展的大数据方法和技术，极大地拓宽了我们认识世界的广度，深刻地改变着我们的生活、工作与科研思维模式，冲击着社会科学的基本理念、研究逻辑、研究方法与技术，也为基本公共服务配置和优化的研究和实践带来新的机遇和挑战。“十三五”时期，国家全面推进“互联网+大数据”战略，促进云计算、大数据、物联网等信息技术与公共服务的深度融合，加快推动数据资源的共享、开放和开发应用，以助产业转型升级和社会治理创新。教育、医疗和交通等公共服务大数据也被确定为基础战略资源。本书积极响应国家推进大数据发展和应用的方针，采用新型、先进的大数据方法和手段，对上海市基本公共服务的空间配置现状进行分析，对其规模、空间布局和规划提出改善建议和措施，以期提高医疗、基础教育等公共服务的质量和效率，推进其均等化进程，为政府及有关部门提供较为客观、准确、具体的决策支持。

需要特别指出的是，本书的研究获得了吴柏钧教授主持的上海市教育委员会科研创新计划项目“城市公共产品有效供给机制研究”（项目代码：2017-01-07-00-02-E00008）的资助，在此表示感谢。采用时空大数据开展社会科学的研究正处于探索发展的阶段，书中某些内容的叙述和取材难免会有不足，我们真诚地欢迎学界人士批评指正。

陈婉珍

2021 年 8 月

目 录

contents

第一章 导 论

第一节 城市公共服务的概念及内涵

城市是人类文明的标志，是社会经济发展的主要载体和人口中心。至2014年，全球人口54%居住在城市；到2050年，这一比例将达到66%（UNDESA，2012）。在中国，城市化是改革开放以来现代化建设成就的主要标志之一。1978—2013年，中国常住人口城镇化率从17.9%迅速提升到53.7%，经历了世界上规模最大、速度最快的城市化进程，对中国社会、经济、环境各方面产生了巨大影响。未来，中国城市化率还将保持高速增长，预计到2030年将达到70%。快速的城市化，一方面是国家现代化的最主要标志，另一方面也带来了一系列环境和社会问题，引发了日益突出的以交通拥堵、雾霾锁城、公共服务供给不足为特征的“城市病”（Henderson，1974；Krugman，1993；Batty，2008；Dodman，2009；OECD，2010；方创琳等，2016；Djurfeldt，2015）。快速城市化的负面影响，给城市和区域可持续发展带来了巨大挑战。作为人类社会可持续发展的关键一环，城市的健康运转决定了我们能否成功走上可持续发展道路。2015年9月，在联合国成立70周年之际，193个会员国通过了“改变我们的世界：2030年可持续发展议程”，提出了承前启后的可持续发展目标（Sustainable Development Goals，SDGs）；在千年发展目标（Millennium Development Goals，MDGs）的基础上，制定了2015—2030年的人类社会发展目标，它共包括17大类目标、169个具体指标。其中，第11大类目标是“可持续城镇”，即“建设包容、安全、有韧性的可持续城市和人类住区”，该目标从区域规划、教育医疗、住房保障、交通运输、文化遗产、灾害应对等10个方面确定了具体目标，针对城市公共服务能力提出了具体发展要求，为全球范围内的城市可持续治理指明了方向。

公共服务是指由政府部门、国有企事业单位等机构履行法定职责，依据公民或其他组织的要求，为其提供帮助或者办理有关事务的行为。公共服务以合作为基础，强调政府的服务性和公民的权利，是居民共同享用的最基本的生产和生活服务，具有非竞争性的消费、不可分割的效用和非排他性的收益等特点，是公民基本社会权利、基础性社会福利的重要保障。而作为公共服务的核心内容，基本公共服务是指政府要为社会成员提供基本的、与经济社会发展水平相适应的、能够体现公平正义原则的公共产品和服务，是人们生存和发展最基本的条件。其均等化的内涵包括全体公民享有的基本公共服务的机会和原则应该均等以及结果应该大体相等，社会在提供大体均等的基本公共服务成果的过程中应该尊重某些社会成员的自由选择权。优质高效地提供公共产品和服务，是政府实行有效社会管理、实现政治稳定和社会发展的基础（郭小聪、代凯，2013）。而实现基本公共服务均等化的目标体现了“以人为本”的制度关怀和弥补市场公共品“供给失灵”的措施安排，也是缓和当今社会矛盾的现实需要和当代世界文明国家社会政策的重要趋势。

城市公共服务是指城市公共部门面向城市公众提供的公共产品和服务，是城市综合功能中不可或缺的重要组成部分，服务水平的提高有赖于城市公共服务设施的建设。城市公共服务的类型主要包括教育、医疗、文化娱乐、交通、体育、社会福利与保障、邮政与电信等公共事业，在各个方面影响着城市经济、社会发展和人民生活。2016 年 2 月，《中共中央 国务院关于进一步加强城市规划建设管理工作的若干意见》明确指出，要健全公共服务设施，坚持共享发展理念，使人民群众在共建共享中有更多获得感。公共设施既强调政府的服务性，也强调公民的权利，其布局既要考虑各种设施的可能利用效率，同时也应该考虑所有的公民都能均等地享受到的权力。因此，公共服务设施以公平性与效率性兼顾作为其均衡布局和规划的主要原则。

基本公共服务是政府依法为全体居民均等化提供的社会公共服务，是公民基本社会权利、基础性社会福利的重要保障。习近平新时代中国特色社会主义思想明确了我国生产力发展已经达到相当的水平，人民需要追求更加美好的物质生活和精神享受。目前，尽管公共服务设施数量增长迅猛，但公众对公共服务需求的不断增长所带来的供给问题依然严重制约着社会问题的解决，“人民日益增长的美好生活需要和不平衡不充分的发展之间的矛盾”成为社会主要矛盾。而公共服务面向的是人民群众最关心的、最直接的、最现实的利益问题，优化基本公共服务供给是改善和提升民生福祉的重要途径，是满足人民日益增长的美好生活需要的根本要求。

目前，我国基本公共服务资源的配置出现“供给不足”和“分配不均”等问题，地区间、城乡间和区域内部的差距较大。公共服务资源的区域分布不均也是我国不同区域经济社会发展差距较大的重要原因之一，其布局规划也基本处于一种经验型、随意性较大的决策状态。优化公共服务资源公平分配和合理规划公共服务资源布局是国家“十四五”规划的重要目标之一，关系到公共服务资源能否充分发挥作用，是社会健康和可持续发展的主要保障。即使是在北京、上海、广州、深圳等经济发展状况较好、公共服务资源总体水平较高的大都市区，其城乡之间、区域之间和区域内部的公共服务资源数量和质量上的差距还在继续拉大，完善公共服务资源的优化配置任重道远。

第二节　大数据服务城市治理的国家战略需求

近年来，井喷式发展的大数据，就像刺破重重迷雾的探照灯光，极大地拓宽了我们认识世界的广度，其数据内容体现出样本量大、实时动态、微观详细等特征，且更加注重对研究对象地理位置信息的提取（秦萧等，2013），为社会科学研究提供了一个全新的数据驱动力（周绮凤、李涛，2016）。越来越多的人工智能、机器学习、数据挖掘等大数据融合和处理方法被不断地提出（Kitchin，2014）。大数据带来社会科学范式的转换，交叉融合社会行为和数据计算处理系统来研究社会运行的规律与发展趋势，引领了“城市计算”这一研究领域的快速崛起（Lazer et al.，2011）。大数据对人类活动的实时记录功能可较大程度地排除获取过程中的人为干扰因素，它也将抽样数据中被排斥的极端值重新纳入统计分析。在分析因果关系时，大数据有助于克服由于抽样偏差所引起的样本选择性偏误，匹配数据可以克服或缓解变量遗漏问题，对确定因果效应、检验因果关系比抽样数据更为有利、稳健和可靠（刘林平、蒋和超、李潇晓，2016）。在挖掘大数据过程中，深度学习技术在高维数据、扩展性模型和分布式计算中发挥了语义索引、数据标记、快速检索等方面的强大功能（Najafabadi et al.，2015）。针对大量出现的如新浪微博上的留言、博客、图像、视频数据等抽象数据，深度学习技术可将这些非结构化的或弱结构化的、高层次的数据转化成一个结构化的格式来进行分析、提取和量化，极大地丰富了大数据的来源，也为其与社会学的紧密结合提供了可能性。从行为分析出发，深度学习技术可以对复杂的人类行为模式和社会运行机制进行深入且精细的跨学科定量研究。而大数据正是由于有了“人的使用”这一要素的参与，在提取体现城市经济社会发展的要素（如居民行为、公众情绪等）时有着天然的优势（Lepri et al.，2015）。目前基于网络可抓取和处理的时空大数据很多，但指标较单一，多尺度、多来源的大数据的综合应用和集成工作较为鲜见。当前研究普遍认为，大数据应用最核心的问题是多源跨域数据的融合，即通过智慧城市云计算平台，利用大量的土地利用数据、社会经济数据、能源交通的数据融合，生成智慧城市发展的政策、规划等的信息指标。总体来看，我们目前积累的数据量已足够大，需要进一步思考大数据在社会科学中的实际应用，为增进社会福祉做出应有的贡献。比如，我们需要思考如何充分利用现有数据和算法得出全面而简约的数据模型来弥补大数据库的不完备性，如何采用合适的信息管理框架建立完备可靠的大数据系统，如何充分利用现有常规数据与多种大数据进行融合应用，使之有效地为城市经济和社会发展服务，这些都是大数据应用中的巨大挑战。

众包大数据（Crowdsourcing Data）的出现提供了广泛的大数据生产平台，如智能手机 App（应用程序，Application 的缩写）、博客、维基数据、社交网络平台、P2P 软件等，公众或平台用户作为数据的产生者和使用者，通过开源的地图数据获取平台自行获取数据，并将处理的数据上传与其他用户共享（Certomà, Corsini, and Rizzi, 2015）。城市大数据也需要众包手段来实现，正是由于有了“人的使用”这一要素的参与，它们在城市经济社会因子（居民行为、公众情绪等）的提取中有着天然的优势（Lepri et al., 2015），这往往是传统数据无法做到的。典型例子如杜拉希姆和科斯昆（Durahim and Coşkun, 2015）利用推特平台的开放的用户大数据推算居民的情绪变化状况，提出国内幸福指数（Gross National Happiness, GNH），而以往依靠传统手段无法获取且量化这类变量。在交通方面，有国内外专家通过用户智能移动终端和 App 的交通信息，对全球定位系统（Global Positioning System, GPS）的运行轨迹和智能交通卡等数据的融合处理，得出城市交通综合指标。同样难以通过传统手段量化和获取的还有居民医疗健康数据，这也是城市可持续发展的一个重要方面。随着医疗大数据（包括医药消费的数据、临床诊断数据、病人行为数据和药品处方数据等）的不断开放获取，这些以往得不到或者忽视的数据必将在城市的可持续发展研究中发挥重要作用（Groves et al., 2013）。此外，还有一类可替代一些抽象的概念指标的数据，如可以反映城市经济活跃程度的能源电力消耗等指标（Shin, Woo, and Rachuri, 2014），电力消费大数据与生产消费模型的结合可以实现对城市经济发展的预测和分析（如 GDP 指标的产生）。来自不同研究领域的数据集合了人类群体智慧，对它们的融合将大大增加数据的获取途径、提高数据质量，引领城市大数据生产的下一个时代（Certomà, Corsini, and Rizzi, 2015; Howe, 2006）。综合运用大数据和众包数据，可为解决生态、环境、经济等诸多可持续发展问题提供可靠、实时、时空完备的大数据库。不过，参与地图数据制作的人员数量庞大，因此在众包模式生产大数据的过程中，由于参与人员的专业性和上传数据的准确性不够，数据常发生丢失和错误，解决这些问题，需要后期的技术支撑。

大数据条件下所获取的数据常常包含一些不完整的信息和错误的数据，这些必须在数据分析阶段得到有效的处理（周晓方等，2012）。综合运用各种跨域数据融合的方法，整理多个跨域数据集，并结合概率数据处理方法（Zheng，2015），可为未来不确定、不完备的大数据管理提供新的方法。随着对大数据处理和应用研究的不断深入，以 Hadoop 为代表的分布式文件系统和 MapReduce 计算框架应运而生，解决了大数据云计算中快速访问数据这一核心问题。基于 Hadoop 技术良好的可扩展性和容错性，通过智慧城市云计算平台，有学者利用大量的土地利用数据、社会经济数据、能源交通数据，生成智慧城市发展的政策、规划等的信息指标（Yang et al.，2014；Khan et al.，2015）。针对大量出现的非结构化的或弱结构化的、高层次的抽象数据（比如推特上的留言、博客、图像和视频数据等），深度学习技术将这些数据转化成一个结构化的格式进行分析、提取和量化，极大地丰富了大数据的来源。深度学习技术在流数据、高维数据、扩展性模型和分布式计算中发挥了语义索引、数据标记、快速信息检索等方面的强大功能（Najafabadi et al.，2015）。目前在国内外城市研究中，单一大数据的应用较多，多尺度、多来源大数据的综合应用和集成工作尚未见到（何非、何克清，2014）。郑宇（2015）认为大数据应用最核心的问题是多源跨域数据的融合，需要通过融合不同领域数据的知识来共同解决单一数据解决不了的难题。传统数据的局限性在于数据都是政府或者科研机构搜集或者整理得来的。由于资金和获取方式等条件所限，带有很强的目的性，数据单一且时空尺度不够精细（Cottrill and Derrible，2015）。和传统数据相比，城市大数据拥有的实时信息（如天气信息、环境污染状况、交通信息、股票市场、社交网络信息等）更为精细、全面和准确（Kitchin，2014），可实现对城市生活的快速实时反映。

数据是重要的资产，在科学研究中具有独立的中心地位。任何硬件、软件及服务都会随着技术发展和需求变化逐渐被淘汰，而数据具有长期可用性，值得我们长期积累。总体而言，越来越多的大数据，伴随着人工智能、机器学习、数据挖掘等方法被应用到城市规划、居民健康、环境污染、交通规划、能源利用等城市治理问题的研究中（Kitchin，2014；Jean et al.，2016）。大数据支持下的城市治理研究也将成为未来的热点，其将居民、家庭、企业等微观个体作为基本研究单元，研究城市的政府决策、居民的行为、城市活动的时空分布等空间问题，用于支持空间政策的制定和评估（龙瀛等，2013）。不过需要注意的是，大数据应用于城市研究，涉及数据采集、非结构数据处理、数据挖掘、决策和优化等一系列广义的数据科学问题，也需要探索使用深度学习、贝叶斯优化等前沿的现代统计手段来处理和分析数据的系统性方法，从网络大数据中提取出反映城市发展的有用信息。

第三节 优化城市公共服务配置的现实意义

近年来，我国城市社会结构发生了较大变动，人民生活水平不断提高，居民的消费理念和生活需求发生了巨大改变。居民开始追求生态宜居的社区环境和高质量的社区服务水平。合理的城乡公共服务设施布局，是实现城乡基本公共服务均等化的重要保障之一。社会主义和谐社会以公平、公正为根本出发点，这就要求基本公共服务在空间的配置上要考虑效率和公平兼顾的问题，协调区域之间的基本公共服务质量和水平。为实现优化公共服务配置的建设目标，可通过地理信息系统（Geographical Information System，GIS）建模，综合考虑人口、交通、地形、聚集度等要素，将“城—镇—村”配置结构转变为全面覆盖、集约共享、分级可达的公共服务设施网络体系，从而提高城市公共服务设施的集聚性、可达性、规模效益和均等化程度（赵万民等，2016）。

党的十九大报告指出，我国社会主要矛盾已经转化为人民日益增长的美好生活需要和不平衡不充分的发展之间的矛盾。这要求我们要逐步缩小居民收入差距、实现公共服务均等化，特别是要实现地区内部的共同发展。作为社区环境的重要元素，城市社区公共服务设施在人民日常生活中承担了非常重要的作用。国务院印发的《“十三五”推进基本公共服务均等化规划》提出，到 2020 年，建立更加完善的基本公共服务体系，在教育、医疗、社会救助、社会保障等方面持续取得不断突破，总体实现基本公共服务均等化。十八届五中全会审议通过的“十三五”规划纲要还指出，要推进实施国家大数据战略，把大数据作为基础性战略资源，全面促进大数据发展，加快推动数据资源的共享开放和开发应用，助力产业转型升级和社会治理创新。“十三五”时期，国家全面推进“互联网+大数据”战略，促进云计算、大数据、物联网等信息技术与公共服务的深度融合，教育和医疗大数据也被确定为基础战略资源。因此，本书聚焦于融合多源大数据的城市公共服务空间配置及其优化策略研究，这不仅是社会发展中的重要研究议题，也是全面建成小康社会的内在需求，对于弘扬公平正义的社会风气、增进人民福祉和提升幸福感、实现中华民族伟大复兴的中国梦，都具有重要的理论和实践价值。

在2016年正式印发的《长江经济带发展规划纲要》中，上海被认定为长三角唯一“超大城市”，这对其城市发展提出了更高的建设目标。目前，上海城市公共服务的问题较为复杂，空间配置的错位和不均衡带来了诸多问题。由于经济实力和财政水平直接影响公共服务供给数量，区县层面公共服务设施的供给虽基本均衡，但各区县公共服务设施人均水平的差距继续拉大，集中表现为：郊区虽然快速增长，但基础较弱，人口增长快，而中心城区人口流出，公共服务供给城乡不均衡。中心城区的一些边缘区公共服务设施的配置水平却远不及那些郊区新城，并一度出现了土地资源利用低效、功能提升相对滞后、人口结构混杂的问题。同时，上海出现了郊区化背景下的城市结构转型，城市和郊区在公共服务方面的差距在进一步拉大，提升上海公共服务空间配置，改善城乡公共服务质量迫在眉睫。

针对城市发展目标，并结合需求现状，笔者认为可在以下几个方面开展工作：

第一，均衡人口布局，增强服务供给的有效性。这需要政府以人口的分布为基础导向，改进公共服务的提供方式，提高公共服务供给的效率，增强公共服务资源配置的有效性，提升政府公共服务的水平，增强公共服务资源承载的能力。《长江三角洲城市群发展规划》提出要“严格控制上海中心城区人口规模”，“合理确定全市特别是中心城区人口规模调控目标，坚持政府引导与市场机制相结合，推动以产业升级调整人口存量、以功能疏解调控人口增量。为优化公共服务资源配置，引导人口向郊区、重点小城镇和临沪城市合理分布”。

第二，打破行政区划，发展多元化、多层次的公共服务模式。在供给方式上借鉴国外“整体政府”服务模式，通过多主体的联合，提供无缝公共服务，发展多元化、多层次的社会公共资源服务模式，满足不同层次居民对社会公共资源尤其是基本公共服务资源的消费需求。加强城乡公共设施建设，发展社会就业、社会保障服务和教育、科技、文化、卫生、体育等公共事业，可为社会公众生活和参与社会经济、政治、文化活动提供保障和创造条件。

第三，借鉴国外发展经验，制定并实施与产业、资源、人口发展匹配的公共服务战略。上海应依据自身的特色，制定不同的人口和经济发展战略，借鉴国际大都市发展的经验，以优化公共服务配置为手段，积极改变公共服务的提供方式，逐步实现基本公共服务均等化，提高公共服务的公平性，促进上海人口、经济和社会的长期均衡发展。

开展公共服务资源空间评估及优化配置研究，对解决公众公共服务资源需求与服务供给的矛盾，以及指导政府部门决策均具有重要意义。本研究关注的义务教育、公共卫生和基本医疗、文化服务等领域是基本公共服务最基础、最核心的部分。与此同时，本研究引入的大数据模型和方法正在冲击社会科学的基本理念、研究逻辑、研究方法与技术，也为基本公共服务配置和优化的研究和实践带来新的机遇和挑战。本书响应国家推进大数据发展和应用的政策，拟采用新型、先进的大数据方法和技术，对上海市基本公共服务的空间配置现状进行分析，并提出相应的优化策略，以求推进其均等化进程，对公共服务资源的规模、空间布局和规划提出改善建议和措施，以期提高医疗、基础教育等公共服务的质量和效率，为政府及有关部门提供较为客观、准确、具体的决策支持。

第四节 城市公共服务能力评价的科学意义

实现基本公共服务均等化和全体人民共享改革发展的成果是中国改革和发展的重要目标，也是当前政府民生工作的重点和难点之一（项继权、袁方成，2008）。国务院印发的《“十三五”推进基本公共服务均等化规划》指出，基本公共服务均等化是指全体公民都能公平、公正地获得较为均等的基本公共服务，核心要求是促进公民机会均等化，而不是简单的平均化和无差异化。改革开放以来，基本公共服务的范围不断扩大、服务质量不断提高，逐步满足市场经济建设的要求，并表现出“体制转轨、城乡统筹、均等化”等特征（李杰刚、李志勇，2012）。在社会发展进程中，资源配置中最基本和有效的制度模式就是市场机制，然而其作用主要是为了实现公民在机会和规则方面的平等，在面对社会公平正义时可能会出现“失灵”（姜晓萍、吴菁，2012）。总体而言，我国城市的基本公共服务“供给不足”和“分配不均”等问题比较突出，地区和城乡之间的差距仍在扩大。因此，对基本公共服务的空间配置进行分析并提出相应的优化策略，以推进其均等化进程，这不仅是社会工作中的重要研究议题，也是全面建成小康社会的内在需求。

另外，“十三五”规划纲要还指出，要推进实施国家大数据战略。中国互联网络信息中心（CNNIC）在京发布的第 39 次《中国互联网络发展状况统计报告》显示，截至 2016 年 12 月，中国的互联网普及率达 53.2%，网民规模达 7.31 亿人，其中手机网民达 6.95 亿人，与欧洲人口总量大致相当。互联网创造了一种全新的社会生活形态，其推动整个社会进入了一个新的阶段。互联网时代的 QQ 群、博客、微博等在线社交网络社区的不断涌现，尤其是微信等社交 App 的广泛使用，正在不断产生大量具有社会属性的数据。大数据的应用可以显著提高模型的精度和广度，克服常规统计费时、费力、精度低、成本高等缺点，而地理信息系统建模赋予公共服务资源和人口分布空间位置信息，可使优化方案更具体、更有针对性。

本书基于互联网获取大数据，对城市基本公共服务的可达性和均等化现状进行分析，并提出可能的空间优化策略。在获取和处理医疗、教育等公共服务和人口时空大数据的基础上，结合实地调查数据，开展案例剖析和统计分析，以自然科学方法和社会科学理论相结合的方法，通过理论与经验研究、定性与定量分析，对上海公共服务空间配置状况进行深入评估和研究，为政府及有关部门提供较为客观和科学的决策支持。本研究通过跨学科研究，实现三个科学目标：

(1) 通过引入统计学中新兴的贝叶斯最大熵（Bayesian Maximum Entropy, BME）方法，融合多源、多尺度的时空位置大数据与人口普查和遥感等常规数据，发展利用位置大数据进行人口分布估算和流动规律研究的新方法，充分发挥大数据分辨率高、时效性强的优点，提高人口时空分布数据的精度，对人口分布时空格局和流动特征进行精细、动态、多尺度的刻画，为政府人口决策提供数据保障，为公共服务设施的空间决策提供精细的人口分布数据支撑。

(2) 基于网络应用程序接口（Application Programming Interface, API）得到的时空大数据，构建公共服务资源数据库，综合考虑教育、医疗、文化等服务设施的质量、数量与空间位置，识别公共服务资源分布的时空规律，进行基于 GIS 模型和多源大数据的公共服务空间配置及优化策略研究。构建数据融合处理和决策信息评估平台，分析城乡/区域间医疗、基础教育资源时空分布不均、供给不足等问题，评估医疗、基础教育等公共服务的质量和效率。

(3) 通过开展医疗、教育资源等公共服务资源优化配置研究，对教育、医疗资源的规模、布局和空间规划提出改善建议和措施，为政府及有关部门的决策与规划提供较为科学的理论支持。

研究成果初步应用于我国特大城市——上海，还可进一步推广至国内其他城市及地区，直接为政府人口、教育、医疗、城市规划等部门提供决策支持，同时也可为某些教育、医疗、商业设施的优化布局和配置提供一定的借鉴和参考。通过深入多学科交叉研究，本研究有费用低、效益高、数据和模型精度高的特点，将为人文和社会科学提供一定的理论积累和方法创新，形成一种利用多源大数据进行跨学科研究的范式，具有较高的经济价值、社会价值和科学价值。

本书涉及的研究属于典型的学科交叉领域，采用的方法和手段也较为综合，具有以下特点。

(1) 宏观与微观视角相结合：进行实地走访和调研，收集上海居民对教育、医疗等公共服务的意见和建议，收集样本数据和相关信息，并分析由调研数据所体现的典型事实，总结目前研究存在的瓶颈或难点。

（2）统计和案例分析相结合：在掌握大量信息资料并对上海实际情况进行全面调查的基础上，对调查的数据进行统计分析，对典型调查资料进行案例分析。

（3）自然科学方法和社会科学理论相结合：基于 GIS 数据软件平台，对公共服务设施的空间位置、分布信息进行统计分析和可视化处理，结合社会均等化发展等理论，总结公共服务发展和演变的规律，并进行合理的预测分析。

第五节　研究思路、方案及创新之处

一、城市公共服务设施的分类与定义

公共服务是指政府部门、事业单位等机构根据公民及其他组织要求，履行法定职责，为其提供帮助和服务的行为（李颖、邓念国，2019）。公共服务以合作为前提，强调政府服务能力和公民享有的权利，是居民共同享用的最基本的生产生活服务。而基本公共服务的核心内容是指在政府的主导下，向人民群众提供与社会经济发展水平相适应、彰显社会公平的基本公共服务和公共产品。城市公共服务主要是指城市公共部门面向城市居民提供的各类公共产品及服务，包括城市基础设施的投资和维护，提供和加强就业岗位、社会保障服务，兴办和支持教育、科技、文化、医疗卫生、体育等公共事业，及时发布有关的社会信息，为社会公众生活质量的提高和参与公共事务提供有力的保障和创造相关的条件（高军波、余斌、江海燕，2011）。公共服务设施是城市社会性服务业的依托载体，是指城市中呈点状分布并服务于社会大众的教育、医疗、文体等社会性基础设施（高军波等，2010）。作为城市各种资本流动的重要载体、城市服务能力的重要体现，公共服务设施为市民提供了各种公共性、服务性的便利（王海江、苗长虹，2009），按照具体的服务对象和内容可分为教育、医疗卫生、

文化娱乐、交通、体育、社会福利与保障、行政管理与社区服务、邮政与电信、商业金融服务等，其空间分布直接影响着居民的生活质量和生产水平。遵循代表性和准确性等原则，本书选择与城市居民生活息息相关的基础教育、医疗卫生、文化体育、环境生态等“社会性基础设施”（Social Infrastructure），并对其进行逐一分解，从空间配置和服务能力等方面展开分析，其分类与定义如下。

1. 基础教育设施

基础教育设施主要是指进行基础教育工作所需要的空间和环境，以及与其有关的教育教学设备，即教育基建、学校设备和社会教育设施。本研究将其作为一个单元整体考虑，包括幼儿园、小学、初中和高中等各级学校，它们是学生可以获取良好基础教育的主要设施，其分布状况影响着学生接受公平教育的程度。

2. 医疗卫生设施

医疗卫生设施主要是指各级医疗服务设施和公共卫生机构，包括综合医院、中医院、专科医院、基层医疗卫生设施、急救设施、妇幼保健机构、疾病预防控制机构、采/供血机构、卫生监督机构等。本研究主要考虑三级医院、二级医院、社区医院等主要的医疗卫生服务设施。

3. 文化服务设施

文化服务设施主要是指为群众提供的文化学习平台，也是开展群众文化活动的重要阵地。作为提供居民公共文化产品与服务的空间载体，其数量、规模、分布、服务范围等是衡量一个城市公共文化服务体系完善程度的重要指标（朱媛媛等，2017；时晨，2018）。本研究主要考虑博物馆、社区文化中心、图书馆等服务设施。

4. 生活服务设施

生活服务设施是指为满足居民日常生活需要的各项商业服务业设施和文教体卫设施，并因各地居民的政治、经济、社会、宗教、文化和风俗习惯等方面的差异而有所不同，种类也较为广泛。本研究主要考虑跟城市居民生活息息相关的汽车站、收费站、停车场、旅馆、加油站、火车站、餐厅、商场、地铁、旅游景点等设施。

5. 生态环境设施

随着政府和公众对生态环境的质量不断加强重视，作为提升城市公共环境质量的重要组成部分，公共服务设施的生态化建设也是必然趋势。本研究将绿地、公园作为生态环境设施的典型代表。

6. 社会保障设施

社会保障设施是维持社会公共福利和开展社会保障工作的设施，关系到社会保障工作的全面、协调和可持续发展的质量。本研究选取了社工机构、儿童福利院、养老院等作为社会保障设施的典型代表开展研究。

二、研究思路及内容

本项目以上海市及其所辖的 16 个区县为研究区域，基于时空大数据和 GIS 技术手段，并同步采用贝叶斯最大熵时空统计方法，进行人口时空分布的精细化模拟，以获取人口分布的时空规律和特点；在此基础上，通过构建基尼系数等多种指数，进行基于精细化人口分布的公共服务资源空间配置及能力评估研究，以期实现对教育和医疗等公共服务资源配置的动态优化，并提出对应的改善措施和建议，提高公共服务资源的利用效率。待技术成熟后，该技术可推广到国内其他城市或其他公共服务（如公共绿地空间、商业设施等）的研究中。总体来说，研究内容由数据、模型和应用三个部分组成（见图 1-1）。

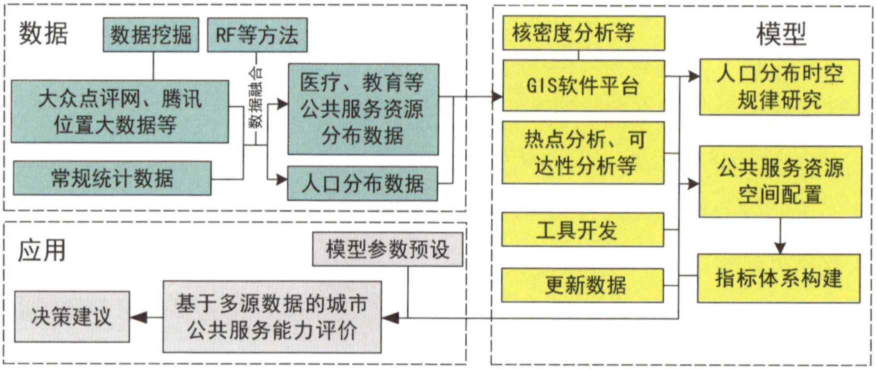

图 1-1　本书研究的技术路线图

三个部分的具体内容如下：

1. 数据分析

遴选合适的网络 API（大众点评网、腾讯、百度等）挖掘数据，并进行数据清洗、分类分级、坐标信息配准等初步处理。采用贝叶斯最大熵方法，并参考传统统计数据，对时空大数据进行预测补足及空间网格标准化，实现多尺度、多来源数据的融合，形成高精度的人口分布和公共服务资源空间数据库，并进行动态、实时更新。

2. 模型模拟

基于高精度的人口数据库，依靠 GIS 软件平台强大的空间分析和建模功能，开展人口分布时空规律的研究。基于高精度的公共服务设施和人口数据库，分析公共服务资源的服务特点和范围，识别基础教育和医疗等公共服务的热点与需求区域，设计和构建指标模型进行公共服务资源空间配置能力的评价和研究，并评估公共服务资源布局调整对经济和社会发展带来的影响。

3. 决策应用

剖析上海市基本公共服务空间不均衡问题，同时分析探讨上海市基本公共服务的空间分异特征及影响因素，为政府决策提供建议和参考。

三、研究方案

1. 融合多源时空大数据的公共服务资源数据库的构建（数据获取与处理）

遴选合适的网络大数据源，基于 API 接口获取与人口分布相关的位置大数据（腾讯、宜出行、微博位置数据等）、公共服务资源（教育、医疗资源等）空间点分布及其属性信息（大众点评网中设施点规模、用户评价分数等），通过数据清洗、分类分级、坐标信息的配准，将点数据转换为面数据。同时，结合常规统计资料并确定合理权重，构建可代表教育、医疗设施质量优劣的综合评价指数作为数据的属性值，对处理后的大数据属性数据库进行补充，构建高精度的公共服务资源时空属性数据库。

以贝叶斯最大熵方法为手段，进行时空位置大数据（主要是腾讯、宜出行、微博位置数据等）与人口分布数据的代用关系研究，利用“硬数据”（实测数据，如人口普查数据和小范围抽样调查数据）和“软数据”（与被预测量有相关性的数据，如夜间灯光数据），对位置大数据进行融合和优化运算，最终生成多种标准网格尺度下的人口分布数据库，并完成数据的精度验证，总结出一套成熟的人口分布估算方法，为本研究中公共服务的空间配置和服务能力评估提供精细的人口分布数据。

2. GIS 和大数据支持下的公共服务空间格局（模型构建与优化）

基于 GIS 软件平台强大的空间分析功能，采用时空聚类分析等方法对教育和医疗等公共服务的资源总量和时空动态分布（在区、街道和公里格网等不同尺度下）进行评价；并基于前两步获取的人口分布和公共服务资源时空数据，在 GIS 建模功能支持下，通过供给和可达性等分析计算公共服务资源的服务范围和质量，并计算核密度等指数，进行公共服务分布的均等化评价。

3. 城市公共服务能力评估及策略（结果应用与推广）

在前两部分研究的基础上，选择和构建合适的定量指标，计算和评价上海城市公共服务能力，以剖析上海市基本公共服务空间不均衡问题，同时分析上海市基本公共服务空间分异的影响因素。最后，以徐汇区和嘉定区为案例进行对比分析，从区县角度进一步探讨上海市基本公共服务的空间分异特征及影响因素，为进一步优化配置公共服务资源提出管理和决策建议。

四、科学问题和创新点

如何快速地获取高精度的人口分布数据是长期困扰人口学研究的一大难题。而时空大数据的不断涌现，为解决这一难题提供了契机。本研究提出融合多源位置大数据进行人口分布的估算，此方法可充分利用 QQ、微信等社交媒体 App 用户量大、数据更新快、空间分辨率高的优势。本研究通过引入多源、多尺度的时空大数据，实现多源时空数据的信息融合，共同构建高时空分辨率的人口分布时空属性数据库，发挥时空大数据实时、定量、完备、精度高等方面的优势。

目前，基于网络可抓取和处理的时空大数据虽然很多，但由于获取的数据尺度和标准不一，如何与传统数据有效融合，在应用方面依然存在很大的局限和挑战。传统的处理方法仅考虑变量自身的采样数据，而忽略了对其他有价值的信息（如环境因素、专家经验、历史资料）的利用，多尺度、多来源大数据的综合应用和集成工作难以展开。如何充分利用现有常规数据与多种大数据进行融合应用，从而弥补大数据库的缺失和不完备性，成为大数据应用中的巨大挑战。本书通过收集的兴趣点（Point of Interest，POI）数据来构建上海市基本公共服务指标体系，提出将先进的地统计方法和 BME 方法引入多源数据的处理中，实现网络大数据、遥感数据和统计数据的多尺度融合，降低多源数据融合过程中的传递误差，提高数据的利用效率。

目前，针对公共服务资源分布的研究主要在多指标体系框架下对城乡或省际等较大行政区间公平分配的现状进行差异化评价，很少考虑地理单元空间内的差异状况，且难以对区域内部未来发展规划提出具体、定量的优化策略和建议。如何实现城市综合公共服务能力的精细化评估，并识别存在的问题，也是困扰学界的一大问题。对此，本研究提出构建基尼系数、优势度指数等指标，引入比例模型、最近距离模型、机会积累模型、重力模型等，基于 GIS 技术在空间上进行分区域公共服务资源的均等化评价。通过编程开发，结合大数据反演获取的高精度人口分布和公共服务设施数据，设计适合公共服务资源优化调配的动态空间整合和选址工具，识别基础公共服务的热点和需求区域并进行供需结构分析。通过不断更新基础教育、医疗和人口分布数据，调整模型参数，模拟和推演未来布设上海各级公共服务设施的适宜性区域，评估公共服务资源布局调整对服务能力的影响，提出合理配置公共服务资源的方案，为政府决策提供及时、定量的建议和参考。

第二章　理论基础和研究评述

第一节　基本公共服务的类型及其特点

加强城乡公共设施建设，发展教育、科技、文化、卫生、体育等公共事业，为社会公众参与社会经济、政治、文化活动等提供保障，是21世纪公共行政和政府改革的核心理念。国务院发布的《“十三五”推进基本公共服务均等化规划》对关乎基本民生需求的教育、就业、社会保障、医疗卫生、住房保障、文化体育等领域的公共服务提出了更高的要求。关于基本公共服务的类型及其特点，众多国内外学者存在不同的观点和看法。有学者认为，基本公共服务应包含特定阶段应该提供的特定公共服务，基本公共服务的内容和类型会因时间、地点等的变化而变化，而不变的是不论其种族、经济状况和社会地位，全体公民都应公平、普遍享有的服务（陈昌盛、蔡跃洲，2007；刘尚希，2007）。

表2-1列举了一些国内外研究文献中对公共服务设施所包含内容的描述，可以看到国外学者更强调公共服务设施对公众需要或健康生活的影响，因此包含的内容会更广泛些，甚至将商业设施也纳入其中。而相对来说，国内文献对公共服务设施的分类角度比较多元和发散，主要关注其社会功能、管理属性、财政投入等，包含的内容也会集中和狭窄一些。张立荣、李军超、樊慧玲（2011）认为基本公共服务是居民共同享用的最基本的生产和生活中的公共服务和设施，其具有非竞争性的消费、不可分割的效用以及非排他性的收益等特点。根据政府提供服务的性质来分，其可分为底线生存服务（比如社会就业服务、劳动保障、社会福利和救助）、公众发展服务（比如卫生和基本医疗、基本义务教育、文化体育）、基本环

境服务（比如公共交通、通信网络、公用设施和环境保护）、基本安全服务（比如公共安全、国防安全）四个主要方面（陈海威，2007)。类似地，也有研究将其划分为以下四种（常修泽，2007)：提供就业服务和基本社会保障等“基本民生性服务”，义务教育、公共卫生和基本医疗、公共文化等“公共事业性服务”，公益性基础设施和生态环境保护等“公益基础性服务”，生产安全、消费安全、社会安全、国防安全等“公共安全性服务”。而陈昌盛、蔡跃洲（2007）则将其分为社会性服务、经济性服务、维持性服务，并需要有公共财政制度、收入分配制度、城乡协调发展制度、公共服务型政府制度做保障。中国（海南）改革发展研究院提出基本公共服务的三个基本点：一是保障人的基本生存权，包括基本养老保障、基本就业保障、基本生活保障等；二是保障人的发展权，满足基本尊严（或体面）和基本能力的需求，包括基本的教育和文化服务；三是保障公民的基本健康权（姜晓萍、吴菁，2012)。由此可见，基本公共服务是政府依法为全体居民均等化提供的社会公共服务，其中义务教育、公共卫生和基本医疗、最低生活保障等领域是最基础、最核心的部分。因此，本研究将对基础教育、医疗卫生、文化体育、环境生态等核心的城市基本公共服务进行分解，从空间配置和服务能力等方面展开分析。

表 2-1　国内外研究中城市公共服务设施包含的内容

文献来源	内容
Colean（1960）	应公众需要而提供服务的设施，包括：宗教、教育、医院和其他机构建筑，社交和娱乐设施，政府管理和服务建筑，高速公路、排水和给水设施
Witten, Exeter, and Field (2003)	健康生活空间基础设施，包括：医疗卫生、教育、公共交通和通信、体育与休闲娱乐、社会与文化、商业购物服务场所
熊光祥、陈伟东（2006）	根据其社会功能分类，包括：文化教育服务、老年人服务、安全保障服务、体育健身服务、行政管理服务、医疗保健服务
Mcshane（2008）	由政府主管部门管理并提供给公众的城市建筑物或场所，包括：文化、教育、娱乐、健康等类别

续 表

文献来源	内容
Salkin and Lavine（2010）	具有专属空间及财政支持，包括：邻里促进空间、儿童照料设施、医疗中心、商业设施（如银行、商场、菜场）等
任晋锋、吕斌（2011）	根据其管理属性分类，包括：自治型、保护型、运营型、专业型、职能型等
张京祥等（2012）	由公共财政投资建设的基本公共服务设施，包括：基本教育、基本医疗、基本社会福利、基本市政服务等

第二节 相关理论概念与成果

国外对公共服务的研究起步较早，形成了较为成熟而丰富的理论体系。20 世纪 70 年代以前，在凯恩斯主义盛行和西方福利国家制度普遍兴起的背景下，公共服务被纳入政府统一配置的范畴。其间，公共物品理论为公共服务设施的政府供给模式奠定了理论基础。该理论认为公共物品的消费具有非排他性和非竞争性，这种特性导致在公共服务的供给方面的政府主导性，保证公共服务的“空间均等”和“地域公正”是政府必须履行的职责。该时期，公共服务更加注重公平导向，因此学界对于公共服务的研究更倾向于公共服务设施布局的效率，大多围绕“区位选择”和“布局”这些主题开展相关研究。从古典区位论到现代区位论，国外学界对于“区位”的研究理论基础深厚，研究方法成熟。特别是 20 世纪 50 年代兴起的现代区位论，更加注重追求社会效益，为公共服务的“区位选择”和“布局”研究奠定了理论基础。20 世纪 70 年代以后，在经济滞胀的压力下，新自由主义潮流涌现。与凯恩斯主义不同的是，新自由主义主张恢复经济自由的传统，反对政府干预。在公共服务领域，伴随着新自由主义出现的新公共服务理论，成为该时期影响公共服务供给领域的新思潮。新公共服务理论力求将市场机制引入公共服务领域，倡导供给主体的多元化，提高公共服务设施的配置效率。但市场机制的引入在提高效率的同时，不免会带来配置的差异化。由此，学界对于公共服务领域的研究视角从“效率”转向“公平”，研究主题开始关注公共服务设施的“可达性”和“空间公平”，以期促进公共服务的均等化发展。进入 21 世纪后，对于公共服务的研究主题更加多样化，学界开始注重研究公共服务的外部性和效用，研究其社会经济效应，评估其居民满意度。

相较于国外，国内对于公共服务的研究起步晚。20 世纪 90 年代，在我国改革开放和市场经济体制逐渐确立的背景下，学界开始关注公共服务的空间布局。此间的研究多借鉴国外相关理论成果。进入 21 世纪，国内学界对于公共服务的研究主题日益增多，关于公共服务的“可达性”“空间公平”和“满意度”等主题的研究大量出现。此外，与国外相比，国内学界对公共服务配置的影响因素和成因机制的研究较多，整体来看起步较晚，但发展迅速，取得了丰硕的研究成果。

一、公共服务的区位选择和布局规划

20 世纪 60 年代，迈克尔·泰茨（Michael Teitz）在《走向城市公共设施区位理论》一文中提出的公共服务设施区位理论为公共服务设施布局研究奠定了理论基础。他关注公共服务设施区位和个人设施的差异，提出公共服务设施的决策在考虑效率与公平的前提下如何实现城市公共设施最优布局的问题。同时，他将新古典福利经济学中的公共设施区位分布的平衡模型假设，纳入一个标准化和数量化的简单理论框架中，看到了将政治变量纳入区位理论中的潜在价值，开创了地理学中区位研究的一个新领域。

此后，很多学者围绕公共服务设施的区位选择模型做出大量的理论探索，如关于公共服务设施区位选择的公平和效率内涵分析（Morrill and Symons，1977）、邻避型公共设施区位选址的理论模型讨论（Orloff, Duguay, and Kosta，1977）、基于公平的公共服务设施区位选择方法研究（Marsh and Schilling，1994）。

王（Wang，2012）总结了健康卫生设施可达性的常用优化模型，阐明了 P 中值、区位覆盖集（LSCP）、最大覆盖区位（MCLP）和中心化等区位配置模型的具体内涵和应用，指出多目标的健康卫生设施优化路径。

进入 21 世纪后，随着地理信息技术与区位配置模型的快速结合，国外公共服务设施区位选择研究的重心发生了明显变化，由早期的比较重视公共服务设施区位选择理论模型的研究转向空间优化理论与实践应用的同步发展。有学者运用区位分配模型分析了印度西部古吉拉特邦剖宫产医疗救助设施的最优覆盖方法（Vora，Koblinsky，and Koblinsky，2015）。另有研究在对西班牙首都马德里公共自行车可达性进行分析的基础上，利用经典区位分配模型的最小化阻抗和最大化覆盖模型，比较了不同站点数量设置情景下的公共自行车优化布局（García-Palomares，Gutiérrez，and Latorre，2012）。

另外，GIS 技术和多准则决策分析（Multi-Criteria Deci-sion Analysis，MCDA）的结合进一步带动了公共服务设施区位选择研究的发展，使设施选址的多目标决策成为现实。例如，有研究结合空间分析和 MCDA 方法，从功能质量、区位质量、环境质量和经济内容等四大维度对意大利米兰的医疗保健设施选址进行了详细分析（Dell'Ovo，Capolongo，and Oppio，2018）。

国内学者也较早关注到公共服务设施配置的优化布局问题，其研究内容相对宽泛，涉及城市公共服务设施配置的规划策略、配置标准分析和区位分配等多项内容。很多学者通过剖析国内城市公共服务设施配置的问题，提出公共服务设施优化布局的规划策略。胡畔、谢晖、王兴平（2010）通过对南京市江宁区江宁街道的案例分析，提出了基于公平与效率相互协调的乡村基本公共服务设施均等化空间布局原则。陈婷婷、魏宗财、陈卓源（2015）分析了广州市海珠区城市居民健身场所布局的公平性，指出了规划响应策略。任晋锋、吕斌（2011）总结了北京市西城区社区公共服务设施的配置现状问题并提出建议对策。彭永明、王铮（2013）在分析 P -重心模型和 P -中心模型的优劣势基础上，对 P -重心模型进行了改进，并验证了改进后的 P -重心模型比传统 P -重心更适合中国农村小学选址。韩增林等（2014）通过对区位分配模型中的最小化阻抗模型和最大化覆盖范围两个模型进行比较分析，提出了大连市甘井子区兴华街道小学设施的优化配置方案。整体来说，国外对于公共服务区位模型和理论的研究较为深入，形成了较为成熟的理论体系。而国内学界则在引入相关公共服务区位理论和模型的基础上，对公共服务的优化布局提出规划指导，偏重于实践应用。

二、公共服务的空间公平正义

在公平正义理念的影响下，西方学者对社会弱势群体区域的公共服务设施配置研究越来越感兴趣，公共服务设施空间公平研究成为近些年国外学术界关注的热门话题之一。关于公平内涵的争辩从未间断。鲁西（Lucy，1981）从规划视角阐述了公共服务设施的公平包括平等、需要、需求、偏好和支付意愿等五大维度。《人文地理学词典》指出，公共服务设施布局的空间公平性是公共服务需求者均等地享有使用公共服务设施的机会；公共服务设施空间公平更加关注人的需求，是指公共服务设施在不同区域以及不同经济收入、种族和政治群体之间在多大程度上按照公平的方式分布，并考虑儿童和老人等特殊群体的需要，其实质是强调城市公共服务设施配置的社会公平。

国外很多研究发现低社会经济地位区域更容易遭受公共服务设施配置的空间不公平，即弱势群体聚集区的公共服务设施可达性偏低或服务质量较差。关于美国芝加哥市社区医疗设施的空间公平分析表明，当地乳腺检查设施分布存在空间不公平，非裔美国公民的出行距离和公交出行时间均相对更长（Zenk，Tarlov，and Sun，2006）。关于美国巴尔的摩（Boone et al.，2009）和洛杉矶地区（Sister，Wolch，and Wilson，2010）的公园拥挤现象的研究分析也得出相似的结论，即公园服务质量在黑人与白人之间存在显著差异，黑人居住集中区域更有可能存在公园拥挤现象。关于日本横滨城市公园空间演化特征的研究也揭示，当地城市公园供给不公平现象一直存在，新公园主要建在富裕邻里地区，并进一步吸引富裕群体的迁入（Yasumoto，Jones，and Shimizu，2014）。

国内学者多关注公共服务的空间分异。相关研究从不同空间尺度探讨了中国城市公共服务设施的空间格局。宏观视角的研究重点关注公共服务设施质量的区域差距。有研究表明，与中国社会经济发展水平类似，中国城市基本公共服务空间分布范围也呈现出从东部沿海到中部、西部地区递减的特征（韩增林、李彬、张坤领，2015）。还有研究重点分析了不同省份城市公共服务质量的空间格局（李彬、韩增林、马慧强，2015；史卫东、赵林，2015）。微观视角的研究主要分析城市内部公共服务设施的空间分布，其中城市公园、餐饮服务、金融设施和文化设施等空间分布成为关注的焦点（于绍璐、张景秋，2010；刘辉、申玉铭、邓秀丽，2013；陶晓丽等，2013；王士君、浩飞龙、姜丽丽，2015）。也有研究全面分析了不同类型公共服务设施的整体空间分布特征（高军波、余斌、江海燕，2011）。近年来，随着城市大数据获取的方便和应用方法的推广，也有学者采用公共服务设施 POI 数据对城市功能区（池娇等，2016）和商业设施空间结构（王芳、高晓路，2015；吴康敏等，2016）进行识别，进一步深化了对城市内部空间结构的研究。

公共服务设施空间集聚特征分析也是城市公共服务设施空间格局研究的重要内容之一，有助于加深对中国城市公共服务设施空间分布规律的认识。薛东前等（2014）基于探索性空间数据分析法和克里金空间插值法，分析了西安市文化娱乐场所的空间关联模式和热点集聚区。王结臣等（2016）运用多距离空间聚类分析（Ripley's K 函数）方法探讨了南京市 ATM 网点空间分布规律及其与地铁站点的空间依赖关系。

国内学者对公共服务设施分布社会公平性的关注相对较晚。随着中国大城市社会空间分异的日益加剧和公共服务均等化战略的全面实施，国内城市公共服务设施的社会公平研究才逐渐兴起。高军波等（2010）研究了广州市公共服务设施配置的社会分异性，发现广州社区公共服务设施资源配置的社会分异突出，并呈现出明显的高收入地区集聚态势。另有学者分析了南京市不同社区的公共服务设施配套特征，结果表明南京市主城区 5 个社区的各类公共服务设施完善度较高，不同区位居住区由于发展基础、发展阶段、小区入住水平和大型交通设施建设等条件不同而表现出差异化特征（王兴平等，2014）。由于国内社会空间数据获取难度大，因此对于社会公平的相关研究成果较少。

三、公共服务的外部性和效用理论

公共服务设施配置具有较强的外部性，因此公共服务设施的社会经济效用也成为国外学者关注的重要领域。按其实际效用划分，城市公共服务设施配置的社会经济效用可以划分为客观效用和主观效用两大类。

在客观效用方面，国外一些研究利用特征价格模型分析了城市公共服务设施配置对房价或地价的资本化效应，揭示了不同类型公共服务设施的边际效用价值（Glaesener and Garuso，2015）。还有很多研究探讨了公共服务设施建成环境与居民体力活动、身体健康状况、肥胖率和学业成绩等个体客观效用的关系（Ekkel and De Vries，2017；Schipperijn et al.，2017）。库姆斯、琼斯和希尔斯顿（Coombes，Jones，and Hillsdon，2010）关于英国布里斯托的案例研究发现，公园可达性与公园使用率具有正相关关系，较高的公园可达性对居民体力活动具有促进作用，同时有助于降低肥胖发生的概率。

在主观效用的评价中，曹（Cao，2016）对美国明尼苏达双子城居民居住满意度的调查分析发现，公园和开敞空间、邻里安全和邻里外貌对居住满意度具有重要的促进作用。斯皮拉托斯和斯塔奇斯（Spyratos and Stathakis，2018）使用众包位置数据对欧洲城市服务设施进行的评估显示，四方位置数据的签到数量与欧洲晴雨表调查的居民满意度存在一定的线性关系。

整体来说，国外大多数研究关注公共服务设施的客观效用，而基于居民主观效用视角探讨城市公共服务设施配置对居民满意度和幸福感效应的研究还不够丰富和深入。我国对公共服务的研究起步较晚，近年来，受到“人本主义”思潮的影响，对公共服务居民满意度的研究成果日益增多。有学者通过问卷调查和访谈方法揭示了中国城市居民的公共服务设施满意度特征，指出了城市公共服务设施建设的成效与不足（郑泽爽、甄峰，2010；刘玉亭、何微丹，2016）。一些新近研究利用大数据分析技术，如大众点评、新浪微博和Flickr地理标记等数据，深入分析了不同类型公共服务设施的居民使用情况和满意度特征（秦萧等，2013；秦静等，2018）。还有学者重点探讨了城市居民公共服务设施满意度的影响因素。谌丽、张文忠、杨翌朝（2013）研究了北京市居民公共服务设施满意度的影响因素，发现公共服务设施可达性和居民社会经济属性均对公共服务设施满意度具有显著影响。徐金燕、范学工、蒋利平（2015）探讨了长沙市民公共服务满意度的影响因素，结果显示，公共服务感知质量和感知价值、居民期望、公平性与居民公共服务满意度存在正相关关系。

公共服务设施满意度是城市公共服务设施供给与居民需求匹配程度的重要反映，我国社会财政支出逐年递增，但是公众的满意度并不高，这一方面缘于政府财政供给的数量和质量不足，另一方面缘于社会财政供给失衡，这种资源配置不均衡降低了公众的福利满意度。“相对剥夺理论”认为，人们在判断自己的利益获得状况进而评价公平与否时，并不完全依照既得利益的绝对价值，而是在很大程度上依照相对比较结果，包括现实可比的参照群体、个体生活的纵向经历、个人的价值尺度及期待水平。因此，提高均衡程度有利于提高居民公共服务满意度。目前，公共服务满意度的研究成果较多，但关于不同社会经济属性居民对不同公共服务设施的利用行为特征和满意度差异、公共服务设施满意度的影响机理，以及城市公共服务设施配置对居民满意度的影响等的实证研究和理论总结还有待继续完善。

四、新自由主义与公共服务理论

新自由主义理论是产生于20世纪20—30年代的一种经济学思想，主要强调自由化、私有化、市场化、世界一体化（黄民文、凌红平，2016）。这与传统公共服务理论倡导的“强调政府的投入，保护个人最基本的生存权和发展权，实现人的全面发展”一定程度上相悖。第二次世界大战后，20世纪50—60年代，“福利国家”政策在西方国家兴盛，新自由主义对公共服务政策的影响也不断扩大。20世纪70年代后，西方经济增长滞缓，经济增长和社会平稳的目标发生冲突。在公共服务领域，福利国家受到自由主义的批评。20世纪80年代开始，西方各国普遍采纳新自由主义和新右派的理论作为指导思想，采取了减少社会公共服务支出的政策。20世纪90年代以后，英国以新自由主义和新保守主义思想为指导，对公共服务进行了以私有化为基本取向的改革，采取了公私合作、政府与社会合作，政府与公民合作等多种方式，政府治理的职能定位和方针政策都有所改变和创新。

五、福利国家的公共服务理论

“福利国家”一词最早由英国大主教威廉·坦普尔（William Temple）提出。1941 年，他在《公民与教徒》一书中，首创“福利国家”的概念，用来取代“权力国家”的概念。对福利国家的理解有：“福利国家是一种国家制度，它强调公民的教育、医疗、文化等社会需求，这种制度强调政府对居民的保障作用，突显现代化国家的社会功能。”（李艳霞，2020）“基本公共服务是广大城乡居民最关心、最迫切的公共服务，公共服务强调政府的服务，涉及公众切身利益，关系人民最满意的政府建设，建设富强、民主、平等、和谐的现代化国家，实现中华民族的伟大复兴。”（干薇薇，2010；邓岩，2020）本书的研究涉及基本公共服务的六大方面，分析各类基本公共服务的空间分异特征，同时是对居民社会保障的一种检验，通过探索影响上海市基本公共服务的因素，为政府在城市发展规划中提供相关建议。

六、区域空间结构演变理论

基本公共服务的空间布局结构受多种因素影响，如产业的集聚性、交通的通达性、高校的聚集性、区域的人口数量、当地的风俗习惯等多方面因素的影响。区域空间结构指的是在一定社会经济发展的背景条件下，各种经济组织在空间上形成集聚和分散的状态，而这种状态在不同的时期也在不断地发生变化（韩守庆，2008）。

美国学者弗里德曼（J. R. Friedman）在 1966 年出版的《区域发展政策》一书中把区域空间结构的演变划分为四个阶段。在每个阶段，区域空间结构表现出特有的形式。

1. 前工业阶段的区域空间结构

这个阶段代表了工业化之前的时期。区域空间结构的基本特征是区域空间均质无序，其中有若干个地方中心存在，但是它们之间没有等级结构差异。由于这个时期区域的生产力水平低下，经济极不发达，总体上处于低水平的均衡状态，对应的区域空间结构是由一些独立的地方中心与广大的农村所组成的，每个地方中心都占据一块狭小的地方。区域内部各地区之间相对封闭，彼此很少联系。

2. 过渡阶段的区域空间结构

这个阶段是工业化的初期。在工业化的进程中，某个地方经过长期积累或外部刺激而获得发展的动力，经济快速增长，发展到一定程度就成了区域经济的中心。这个中心的产生就打破了区域空间结构的原始均衡状态。在这个阶段，区域空间结构由单个相对强大的经济中心与落后的外围地区所组成。该中心以其经济发展的优势吸引外围地区的要素不断向它集聚，越来越强大，而外围地区则更趋向落后，从而致使区域空间结构日趋不平衡。

3. 工业化阶段的区域空间结构

在工业化阶段，随着经济活动范围的扩展，在区域的其他地方出现了新的经济中心。这些新经济中心与原来的经济中心在发展上和空间上相互联系、组合，就形成了区域的经济中心体系。由于每个经济中心都有与其规模相适应的大小不一的外围地区，这样，区域中就出现了若干规模不等的中心—外围结构。这些中心—外围结构依据各自的中心在经济中心体系中的位置及关系，相互组合在一起，构成了区域的空间结构。在这个时期，区域空间结构趋向复杂化和有序化，并对区域经济的增长有着积极的影响。

4. 后工业化阶段的区域空间结构

在这个时期，经济发展达到了较高的水平，区域内各地区之间的经济交流日趋紧密和广泛。同时，不同层次和规模的经济中心与其外围地区的联系也越来越紧密，它们之间的经济发展水平差异在缩小。所以，区域内就逐步形成了功能上一体化的空间结构体系。随着中心与外围地区界线的逐渐消失，区域将最终走向空间一体化。

基本公共服务伴随着经济的发展、城市规模的扩展，其区域上的联系逐渐加强，区域空间上的基本服务设施资源配置越发均衡，最终达到信息的共享，形成空间结构上的统一。在研究基本公共服务设施空间上的配置时，我们强调空间结构上的变化、空间形态上的走向，探究基本公共服务设施在空间上的集聚特征。

七、中心—边缘论

中心—边缘论又可称为中心与外围论。20 世纪 60—70 年代，中心—边缘论开始在各个领域流行。中心—边缘论不仅可以在相互关联的因果关系中从动态的角度研究经济发展，还可以指出发展中国家在现实的国际环境中仍然处于不平等的地位，并提出建立新的国际经济秩序的思想，同时也能应用到地理学的理论研究中去（詹国辉，2016）。在研究基本公共服务的各类基础服务设施时，探究中心城区、近郊区和远郊区之间的差异性，可以发现中心城区在资源、经济、人力等方面具有一定的优势，近郊区和远郊区的发展在一定程度上依赖于中心城区的发展。运用中心—边缘论，在一定程度上能够更好地探索出中心城区的优势，使得近郊区域和远郊区域能够很好地借鉴中心城区发展经验，从而促进近郊区和远郊区的发展。

目前，在社区尺度上对公共服务设施空间分布的研究主要分为两种：一种是以提高设施服务效率为目标，运用位置分配模型来决策服务最优位置的设施选址问题研究，如医疗卫生设施、图书馆设施的选址（Ayeni, Rushton, and Mcnulty, 1987; Mclafferty and Broe, 1990; Cole and Gatrell, 1986），强调公共服务的空间可达性；另一种从空间公正的角度出发，对社区公共服务设施的可获得性水平进行测量并优化布局（Christensen, Holt, and Wilson, 2010; Berkman et al., 2000），强调公共服务的空间均等化和公平性。以下两个小节将对这两个方面展开阐述。

第三节　公共服务供给的可达性

美国学者沃尔特·汉森（Walter Hansen）于 1959 年第一次提出了可达性的概念，他将其定义为“交通网络中各节点相互作用的机会大小”。然而由于各领域学者对其理解不一，可达性概念及其度量至今没有一个统一的标准。潘查斯基和托马斯（Penchansky and Thomas, 1981）认为可达性由可用性、可达性、可支付性、可接受性和适应性等五大维度构成，前两者具有空间内涵，后三者为非空间测度。20 世纪 90 年代，“可达性”这一概念被引入公共服务领域，《人文地理学词典》将其定义为“人们获得某项公共服务或者到达该设施的难易程度，主要衡量标准是到达该设施的能力（多指花费的时间或者距离）或者能够到达该服务的数量与质量”。空间可达性是与公共服务资源布局密切相关的概念。开展公共服务资源的可达性分析与优化配置，对解决公众需求与服务供给的矛盾，处理公共服务设施的实际布局，以及为政府部门提供决策均具有重要意义。自 20 世纪 90 年代以来，随着地理信息技术的快速发展，公共服务设施可达性研究引起很多学者的长期关注，很多学者针对公共服务资源的均衡性和布局规划、影响因素和类型等进行了广泛探索。例如，运用两步移动搜索法对公共服务设施的可达性进行测度，用可达性分析方法对公共服务设施布局的空间公平性进行综合评估，以及用网络区位模型确定公共服务设施的区位以解决设施与交通网络之间的资源分配问题等。

目前，国内外学者针对服务设施可达性的评估发展了基于机会积累、空间阻隔、空间相互作用和时间地理学的模型和方法（见表 2－2）（张慧，2019）。

表 2－2　多种服务设施可达性的计算方法

原　理	方法和模型	指示内容及介绍
机会积累	距离法	只考虑距离对可达性的影响，认定居民可达性与距离成正比，常忽视设施自身要素属性
	比例法	估算设施的数目和服务次数与人口的匹配程度，以此来表示可达性
	核密度法	考虑一个空间内的人口密度，计算单位人口拥有的公共服务设施的数量
	两步移动搜索法	将对象区分为服务方和被服务方，并以其为不同的起点，以不同的服务半径移动搜索两次，最后综合计算可达性
	等时线模型	计算某一点在一定的距离和时间范围内达到服务方所积累的数量，为考虑其他影响可达性的衰减因素

续 表

原 理	方法和模型	指示内容及介绍
空间阻隔	空间阻隔模型	综合考虑经济和时间等成本对可达性的影响，将需求点和目标点之间的可达性进行加和
	加权空间阻隔模型	在空间阻隔模型的基础上，进一步考虑交通阻抗等要素，对可达性进行加权运算
空间相互作用	潜能模型	借鉴万有引力公式，计算设施点对服务点之间的引力来评价可达性，可以综合考虑交通、距离衰减、人口分布和设施规模等要素
	胡佛模型	在潜能模型的基础上，加入需求方对供给方的选择概率算子
时间地理学	时间棱柱模型	引入与时间和空间相关的模型分析方法，考虑居民日常行为的空间范围

在国外学者对公共服务设施布局公平性的测度中，可达性指标起决定性的作用，早期的研究对象涉及学校、医院和公园等对于物理接近要求较高的城市公共服务设施。例如，帕乔内（Pacione，1989）对苏格兰格拉斯哥的中学进行可达性的度量，指出城市公共服务的公平分配还需要考虑社会政治发展现状所能提供的数量和质量；塔伦（Talen，1998）分别将重力位、平均旅行距离和最近距离作为可达性指标，采用空间自相关分析方法分析美国俄克拉何马州塔尔萨的游乐场空间布局的公平性，并指出指标的合理选取对判读空间错位和不公平起到关键性的作用；约瑟夫和班托克（Joseph and Bantock，1982）针对农村地区普遍存在的缺医现象，利用引力潜能模型分析了农村地区的就医可达性，结果表明虽然城乡地区就医可达性存在明显差距，但是偏远地区医生在有效服务范围内的服务人数较少，这在一定程度上可以弥补其与城市中心区就医可达性的差距。还有学者按照居民的公共服务设施实际利用行为，将可达性细分为潜在可达性和显示可达性，前者反映居民到达公共服务设施的方便程度，一般用物理空间障碍表示；后者表示居民的公共服务设施实际利用情况。相关研究表明，公共服务设施可达性与居民设施实际利用行为存在密切联系，通常公共服务设施可达性较高地区居民的设施利用率也较高（Pasaogullari and

Doratli, 2004; Park, 2012)。

国内公共服务设施可达性的研究起步晚，但发展较快，尤其是在医院、学校、公园绿地和养老机构等公共服务设施可达性领域取得了较为丰富的研究成果（陈秋晓、侯焱、吴霜，2016；程顺祺等，2017）。吴建军、孔云峰、李斌（2008）基于人均医疗资源分配、就医的最近距离、选择医院的机会、重力模型及改进的重力模型等不同空间可达性模型，详细分析了河南省兰考县各行政村的医疗设施可达性特征。汤鹏飞（2017）利用改进潜能模型评价了湖北省仙桃市的小学可达性空间特征。李浪姣、刘江涛、任福（2017）根据深圳市建筑普查数据和细粒度的人口数据，分别从住房、社区和街道等不同空间尺度分析了深圳市城市公园和社区公园的可达性。陶卓霖、程杨、戴特奇（2014）运用改进的两步移动搜索法测度了北京城市养老设施的空间可达性。蒋海兵、张文忠、韦胜（2017）以北京为例，对城市内部各居住小区周围不同类型公共服务设施的可达性进行了综合研究，研究结果表明可达性在城市内部有较为明显的空间分异，四环以内公共服务设施的可达性较高，五环至六环可达性较低，在众多公共服务设施中，小学的可达性最高，而医院和购物中心则更强调空间效率。还有研究基于手机端数据考察了城市中老年人的公园可达性（Guo et al., 2019)。整体来看，大多数研究仅分析了公共服务设施可达性的空间距离障碍，较少关注非空间因素对公共服务设施可达性的制约作用。此外，这些研究的研究对象主要是单一类型的设施，较少对不同类型的公共服务设施进行综合分析。

在公共服务可达性研究中，医疗设施、教育设施和公园绿地等研究对象最引人注目，同时积累了丰富多样的可达性测度方法，比较常见的可达性测度方法包括容器法、最短距离法、最小旅行成本法、累计机会法、核密度法、两步移动搜索法和重力模型法等（Talen, 1998; Luo and Wang, 2003; Boone et al., 2009)。但上述测度方法主要是基于地点的可达性评估，而受到时间地理学派的影响，更加符合社会现实的个体时空可达性研究也受到越来越多的学者的重视，其重点关注公共服务设施开放时间、个体交通方式选择以及出发时间的实时交通等因素对公共服务设施可达性和公平性的影响（Weber and Kwan, 2002; Neutens et al., 2012）。通过 GIS 建模，可达性分析被广泛应用于医院、学校、商场等公共服务设施的区位选择和确定，用来评价不同层次的居民对于某些社会服务获取是否公平。泰茨（Teitz, 1968）率先提出了公共服务设施区位理论，在此基础上很多学者围绕公共服务设施的区位选择模型做出大量的理论探索。国内的研究主要基于 GIS 手段，通过不同的空间分析方法对公共服务设施的可达性和公平性进行量化评价。例如，以公共服务设施的服务半径为通勤范围来计算空间的可达性，构建综合公平指数及采用空间自相关法对公共服务设施的可达性进行测度，以时间成本可达性对公园绿地和公共服务设施进行评价，以及通过加权冯洛诺伊图①分析法、潜能（引力）模型与胡佛模型来衡量公共服务设施的公平性和可达性（宋正娜、陈雯，2009）。钟少颖、杨鑫、陈锐（2016）以北京市综合性医疗设施为例，探讨了等层级性公共服务设施空间的可达性。周小伍（2015）基于统计数据及野外调查数据，探讨了武夷山市医疗设施的可达性。邓丽等（2015）以重庆市石柱县为例，基于改进的两步移动搜索法，从供需角度分析了山区医疗服务空间的可达性。杜俊秀等（2015）运用网络分析方法，基于学校覆盖状况和入学便利程度建立了中小学布局水平的指标评价体系，结果表明市区下辖街道和乡镇的基础教育设施水平差异明显。杨卡（2016）研究了北京市教育资源的空间协调性，认为教育资源尤其是优质教育资源过度聚集于主城区空间。伯曼等（Berman et al., 2015）从人本主义角度，探析了公共服务配置在不同类型的人群中的分配过程以及存在的问题与矛盾。阿格拉沃尔（Agrawal, 2014）通过构建基尼系数，对印度城乡教育的不公平性进行了长时间序列的追踪研究，提出了应在区域范围内合理配置基础教育资源的观点。

公共服务设施的可达性评价容易受到可塑性面积单元问题（Modifiable Areal Unit Problem, MAUP）的影响。有学者对新加坡城市公园分布的空

① 冯洛诺伊图（Voronoi Diagram）又叫泰森多边形，得名于乔治·冯洛诺伊（Georgy Voronoi），是一组由连接两邻点线段的垂直平分线组成的连续多边形。一个泰森多边形内的任一点到构成该多边形的控制点的距离小于到其他多边形控制点的距离。

间公平性开展多空间尺度分析发现，较大空间尺度比邻里尺度更容易得到“公园分布比较公平”的结论，同时与社会经济属性变量的相关性也更强，而小尺度的公平性评价更容易符合偏态分布（Tan and Samsudin，2017）。还有学者重点检查了边界效应对法国北部健康卫生设施空间可达性的影响，发现考虑边界效应后的健康卫生设施可达性要比没有考虑边界效应的对应可达性略低，但不同类型健康卫生设施之间的边界效应影响变化较大（Gao et al.，2017）。为了减少可塑性面积单元问题对可达性评价的影响，有学者认为通过使用精细空间尺度数据，采用人口加权方式得到的可达性评价结果会更为可靠（Montgomery，Jennings，and Kulahci，2015）。

总体来看，我国基本公共服务设施存在着区域、群体间资源占有不均、服务水平不等以及权益保障失衡等几方面的问题（胡仙芝，2010），学界针对公共服务设施的可达性研究也还存在一些不足，研究方法和研究模型有待完善，研究趋势呈现以下特点。首先，可达性测度方法繁多，尚未形成公认的统一方法，同时对公共服务设施可达性测度方法选择的敏感性影响缺乏足够关注。其次，大多数可达性测度是以观测空间单元的质心为需求点，区域空间单元尺度选择存在的聚合误差，会对可达性评价结果的精确性产生影响。虽然可达性是测度城市公共服务设施空间公平的常用工具，但大多数研究却没有正面探讨公共服务设施可达性的具体公平程度，尤其缺乏针对不同空间尺度、不同类型公共服务设施公平性的比较分析。最后，国内外针对公共服务资源分配的研究主要通过多指标体系来进行地区间差异化评估，很少考虑教育资源的地理空间分布特征及可达性状况，且由于研究尺度常以省、市、县区等行政区为单位，难以捕捉城市内部区域中公共服务可达性的时空分布和不公平状况。

第四节　公共服务的均等化评价

基本公共服务通过对社会财富的再分配来满足人民的基本需求，保障其基本的权利，有益于建立分享成果的成熟社会机制，缩小贫富差距，促进城乡、区域和谐，增加全社会福利，其基本原则是“公平优先，兼顾效率”。因此，基本公共服务“均等化”是在承认城乡、区域、人群存在差异的前提下，确保所有公民都在一定的标准甚至更高水平上享有基本的公共服务，包含权利均等、机会均等、结果均等、结构均等不同方面的标准（郭小聪、代凯，2013）。

国外在基本公共服务的均等化方面积累了大量的研究成果。例如，18世纪时，亚当·斯密就提出国家有义务公平地提供公共服务（Smith, Cannan, and Stigler, 1777），塞缪尔森（Samuelson, 1954）也指出公共产品是所有社会成员均等享有的产品和权利，体现了公共服务“均等化”的思想。拉普（Rapp, 1996）指出，公共服务均等化是指接受服务的权利平等并且没有任何的歧视性配给。博伊恩等（Boyne et al., 2001）从公共服务需求、权利和努力程度等多方面评价了英国公共服务均等化的发展情况。在日本，伊藤惠造（2016）提出通过体育设施进行社区的重组，在兵库县神户市垂水区开展了体育设施调查研究，并对此进行了验证。甘博亚和瓦腾贝格（Gamboa and Waltenberg, 2012）针对学生数目、学校类型等属性，对拉丁美洲国家的教育不公平性进行了评价研究，指出巴西是拉丁美洲国家中教育不公平最严重的国家。

国内的有关研究多是从政府职能以及公共设施配置等角度展开的（唐铁汉，2004；王登嵘，2005），关于基本公共服务均等化问题的研究成果大多集中于基本公共服务的运行机制、非均等化现状及其原因分析以及实现基本公共服务均等化路径等方面（郭小聪、代凯，2013），而少有考虑人口密度和分布的研究。管廷莲、吴淑君（2010）对浙江省内城乡的基本公共服务均等化问题进行了探讨。陈振明、李德国（2011）对福建省内不同市区和城乡之间的基本公共服务均等化与有效供给进行了分析。李雪萍、刘志昌（2008）对城乡和区域间的社会保障进行了比较。郁建兴（2011）指出经济水平不等是造成基本公共服务水平具有显著区域性差异的主要原因，经济较好的地区能提供更充足和优异的基本公共服务。张艳、柴彦威、颜亚宁（2008）调查了北京市内 7 个社区周边 500~1 000 米范围内的商业设施，采用层次分析法对城市社区周边商业环境进行定量评价。李萌（2017）调查了上海市居民社区行为特征和需求，并基于此提出

“15分钟社区生活圈”规划对策。南锐、王新民、李会欣（2010）对全国31个省（自治区、直辖市）或对某区域内（如西部地区）的基本公共服务均等化水平进行了分析，研究指出，同一省份不同地区或城乡之间的基本公共服务也呈现出显著的非均等化状况。张丽琴、王勤、唐鸣（2007）对城乡医疗卫生服务的距离、经济和资源的可达性进行了比较，陈继宁（2007）则对比了城乡在教育、医疗卫生、社会保障等方面存在的差异。郁建兴（2011）认为基本公共服务财权不充分的属地化供给模式使政府部门在基本公共服务方面的财政投入和供给不足，这显著拉低了基本公共服务均等化水平，导致大部分具有内在需求的贫困群体、农民、进城务工人员处于服务供给的边缘，难以真正享受到公正公平的基本公共服务。

总体而言，目前国内东西部不同区域以及各省市的基本公共服务水平存在较大差异，服务能力的均等化遭遇极大挑战。西部地区的基本公共服务水平显著低于东部地区，而即使在同一省份内部城乡和地区之间也存在显著差异，农村基本公共服务薄弱。而在某种特殊的基本公共服务领域内，如社会保障（李雪萍、刘志昌，2008）、基础教育（雷晓康、曲婧，2011）、医疗资源（和立道，2011）等，也存在显著的非均等化状况。不同群体间拥有的基本公共服务也存在不均等现象，如男女性别间、不同年龄层（胡仙芝，2010）、城乡之间（陈霆，2017），而城乡分割的体制还造成进城务工人员这一群体与城市居民和农民间都存在基本公共服务方面的巨大差距（丁元竹，2008）。

第五节　国内外相关研究评述和总结

基本公共服务本身包含的内容广泛、种类多样，国内外研究者研究的内容也相对丰富，涉及的领域也很多，从公共服务的内涵到公共服务的管理制度，从强调公共服务的服务质量到研究公共服务的种类，从单一的公共服务设施到建立不同的指标体系的研究等。此外，在公共服务的实践上，还有许多国外学者在医疗服务、教育服务、文化、环境保护和社会保障等领域开展了创新型研究（Selbmann，1996）。笔者利用中国知网、维普数据库和 Web of Science 等互联网站点资源，对国内外相关研究文献进行收集、梳理、分析，从概念鉴定、研究方法与研究案例等方面细致总结前人的研究成果，结合对学科的认识和理解，进行相关研究评述和总结，这些研究可概括为以下几个主题。

一、基本公共服务能力综合评价

国内外学者在研究公共基础设施时更多地将焦点聚集在对公共基础设施的服务能力评价上，一方面，以地理单元为评价对象，分析评价区域之间的均等化、区域内部的均等化；另一方面，以某一类公共服务设施为评价对象，评价分析该类设施提供服务的能力，进而分析区域之间和内部获得服务的差异，从而为该类设施的规划布局提供依据。在研究方法上，从早期的定性研究到近几年更多的定量研究，普遍采用多因素综合评价法和层次分析法。国外学者的研究重点多集中于经济发展对公共服务能力的促进作用，如罗勒和韦弗曼（Röller and Waverman，2001）研究了电信基础设施对经济发展的影响；伊藤惠造（2016）通过体育设施进行社区的重组，在兵库县神户市垂水区开展了体育设施调查研究，并对此进行验证。国内学者林康等（2009）基于空间公平的原则提出了布局优化策略，为制定相应公共产品供给政策提供了一定的理论依据。也有学者应用重力模型计算居民的就医可达性指标，分析设施分布的薄弱区域，并对该辖区内的医疗设施的空间布局规划进行了探讨。陶海燕、陈晓翔、黎夏（2007）采用基于潜能模型的方法对广州市海珠区医疗设施空间可达性进行了分析，借以判定缺医地区。马方（2010）提出宏观与中观两个层面的公共设施空间服务水平评价体系：宏观层面主要针对整体进行评价，包括密度指数与人均指数两个评价依据；中观层面包括设施供应水平评价与空间可达性评价两方面，设施供应水平评价的指数包括单元接受服务总量与单元人均接受服务量，空间可达性评价包括设施的空间覆盖范围与设施的人口覆盖范围。

目前，针对公共服务能力的综合评估还可通过建立科学合理的指标体系实现，这类研究涵盖了省、市、县以及城乡之间等多个层次，也涉及基本社会保障、医疗卫生、基础教育等多个领域（郭小聪、代凯，2013）。比如，宁波市测绘与地理信息局的《宁波市公共基础设施专题分析报告》在2016年6月对整个城市的公共基础设施专题分析中，结合相关学者对公共基础设施的研究，从基础设施和公共设施的数量、空间分布两个角度出发进行了服务能力的指标体系构建，选取公共设施空间保障度、公共设施空间均衡度、公共设施空间便捷度三个方面进行评价。公共设施空间保障度包括设施密度、设施人均拥有量两项评价指数；公共设施空间均衡度包括一定范围内服务面积覆盖率、一定范围服务村庄的个数占比两项评价指数；公共设施空间便捷度包括平均最小邻近距离、服务范围内平均可达时间、服务范围内最长可达时间三项评价指数。项继权和袁方成（2008）从涉及服务的客观设施条件、服务效果的主观判断和政府财政投入情况三方面进行测评：其中客观设施条件主要涉及基本公共服务供给的类型和内容、基本设施的数量和质量、服务的便利性和可及性等客观条件；服务效果的主观判断主要是对基本公共服务的可及性、满意度及公平度进行调查和测评；政府财政投入情况主要是对地方公共服务财政能力状况及均衡程度进行调查评估。但这三方面均存在一定的偏差与不足：对客观设施条件测评容易忽视主观评价，主观测评存在多样性、多变性和模糊性，而对财政投入进行测评则容易忽视服务成本、效率、效益等因素对公共服务质量和数量的影响。有学者为了衡量治理政策和绩效以及提高卫生和教育领域的服务质量，制定了一个选择和衡量一套指标的框架，并借鉴和创新了一整套衡量工具和方法，提出了各种选择，既能促进卫生和教育决策者的工作，又能进行跨国比较和制定基准（Fiszbein et al.，2011）。有学者运用泰勒、霍伊勒和维尔布鲁根的“中央流动理论”，考虑了其空间的层次结构和互补性，在杰索普、布伦纳和琼斯的“地区—地方规模网络（TPSN）框架”的帮助下，以2015—2019年芬兰的医疗服务为例，说明医疗公共服务区域的差异性（Humer and Granqvist，2020）。相关研究表明，构建公共服务组织、机构和部门之间的指标体系，统筹和协调它们之间的关系，可以提高一个国家公共服务的透明度、信息的可获得性、机构的能力和创新性，从而让政府更好地向公民提供服务（Gautam，2020）。

二、多源大数据和 GIS 手段在城市公共服务配置和评价中的应用

随着科技的发展，以 GIS 为代表的新型信息技术已成为解决城市公共服务资源优化布局问题的有效手段，逐渐广泛运用于城市中公共服务资源空间布局、规划选址等研究中。利用 GIS 空间分析方法来分析教育、医疗等公共设施的供需平衡（公平性）问题，可以将信息很直观地以图形的形式展现在公众面前。由于 GIS 空间分析方法集成了采集、快速处理和动态更新数据的功能，可为各种应用提供科学决策。在公共服务的范畴中，地理信息系统可达性研究对空间优化分布研究有非常重要的作用，通过分析已有设施、交通流量甚至人口密度等各方面因素，可综合考虑筛选出最适合建立健康公共服务设施的位置（吴建军、孔云峰、李斌，2008）。谢小华等（2015）和杨叶林、陈庚（2015）基于 GIS 空间分析方法，构建了就医难易度模型，并据此分析了现有社区医疗资源的空间分布特征和不合理布局现象，提出了具体的优化布局对策。柯蒂斯（Curtis，2013）借助 GIS 网络分析、叠加分析等功能，对道路交通、人口分布及医疗机构分布等空间信息进行了医疗资源便利性评价。邵晖、温梦琪（2016）基于经济普查数据库和人口普查数据，利用区位商和空间基尼系数等指标研究了北京市各类教育资源空间分布的公平性。谢婷婷、冯长春、杨永春（2014）以兰州市街道内居民点为基本研究单元，借助网络分析技术构建了空间分布公平指数模型，对教育设施的空间结构特征及公平性进行了研究。阿萨杜拉和雅洛涅茨基（Asadullah and Yalonetzky，2012）基于教育统计资料，选取了宗教、学生性别等指标，对印度几个较大城市的教育公平性进行了差异化研究，并据此提出了若干建议。总体来看，公共服务资源的空间配置日益成为学者们关注的问题，研究主要集中于城乡或省际等区域空间公平和分配等问题，且大多基于 GIS 空间分析工具进行现状评价。随着互联网技术的不断发展以及公众对于社会信息的需求，地理时空大数据的应用也为社会学的研究提供了新的视角。

大数据技术的不断发展，为城市发展的研究带来了巨大的机遇，拓展了数据获取的方式和规模，提高了数据的时空精度。“十三五”时期，国

家全面推进“互联网+”服务，促进云平台计算、大数据分析和物联网信息技术与公共服务行业的融合。基于大数据进行公共服务能力的研究也已有了初步的探索，如崔真真等（2016）基于POI数据评价了北京、上海、广州和天津4个城市的生活便利度；孙道胜、柴彦威（2017）以北京市清河街道18个社区为案例，采用个体居民GPS数据，界定社区生活圈的时空范围，对案例社区进行社区生活圈层的划分，并为社区公共服务设施配置的分级落地提供了参考。有研究者通过百度地图等在线地图服务商提供的地理位置信息大数据，为城市公共服务活跃性与可达性指标的计算提供了丰富的数据来源（王一凡、许晓兵，2015），而利用社交网络大数据也可以进行公共服务的满意度评价（Wood et al., 2013），提取公共服务可达性和满意度等指标，这类评价在以往仅仅依靠传统数据一般是无法做到的。比如，人口分布和房价是关乎城市竞争力和可持续发展的重要指标，大数据相较于常规统计数据而言，能够在更精细的时空尺度上实现对这两项指标的表达和反演。国外学者格莱泽等（Glaeser et al., 2015）基于谷歌街景（Google Street View）图像内容和描述信息，采用支持向量回归模型构建了收入水平指数，并融入社会经济调查数据推算了纽约、波士顿等地的房价水平指数。国内有房价网等基于海量的土地出让数据、房屋挂牌交易数据等大数据建立了房价数据共享平台。但总体来看，借助地理时空大数据手段，并结合GIS进行公共服务资源空间配置优化和服务能力评估的研究尚未出现。

三、城市公共服务的供给空间差异与影响因素

早期学者认为公共产品的特性决定其供给主体不是市场，而是政府。关于基本公共服务供给机制，国外有学者探讨了财政转移支付制度对基本公共服务均等化的促进，而安德里尼等（Andreoni et al., 2003）探讨了基本公共服务私人供给激励机制。萨瓦斯（Savas, 1987）认为仅仅依靠政府内部的竞争不妥，可以将生产基本公共服务的部分责任交给非政府部门，即采用PPP（Public-Private-Partnership）模式，这不仅有利于缩减政府规模，还能更好地改善基本公共服务的质量。而国内学者则主要从多元主体

协同机制（史传林，2008；艾医卫、屈双湖，2008）、财政保障机制（贾康，2005；王磊，2006；刘铭达、李杰云，2007）、综合配套机制（丁元竹，2008；祝小宁、白秀银，2010）等方面进行研究。近年来，这种基于社会多元化视角探讨基本公共服务供给主体的研究也得到越来越多的学者的认可，如周耀虹（2007）和徐祖荣（2009）都认为，政府与私营企业、民间和社会组织应该共同参与基本公共产品和服务的提供并成为提供方，以建设“基本公共服务型”政府，有效整合社会资源，提高资源合理配置的效率。政府在基本公共服务的生产和供给中具有规范、付费、生产三种基本方式（项继权、袁方成，2008），其模式可能包括参与型、合作型和社会化主体主导型。

现有的研究普遍认为，公共财政机制或政府管理机制不健全是造成基本公共服务供给差异的主要原因。地方政府在公共服务供给和管理水平方面的差异，导致了基本公共服务供给的非均等化的地区差异。在分权的财政模式下，政府间以经济发展水平为主的竞争偏好和现行地方官员以 GDP 为本的政府政绩考核机制均会影响和导致基本公共服务的地区间不均等（夏杰长，2007；吕炜、赵佳佳，2009；宋文昌，2009）。总体而言，我国政府对基本公共服务的财政投入水平较低，供给数量无法与公众需求匹配，相较于其他国家处于中低水平（张立荣、冷向明，2007）。而地方政府的财权与事权不明晰，更进一步弱化了基层政府在基本公共服务方面的供给能力（胡均民、艾洪山，2009）。同时，作为平衡地区间财力差距的转移支付制度结构不合理，导致其偏离财力均等化的发展目标，继而影响基本公共服务均等化这一目标的实现（彭健，2010）。以上研究均表明，我国现有的不规范的财政运行体制是造成基本公共服务非均等化的一个重要原因，包括政府间公共服务财权事权不匹配、财力分配不均、财政转移支付效果不佳等。由于现有的公共财政制度设计，地区间地方政府的财力差异大，各级政府的事权和财权分配也不明确，这都会加大基本公共服务供给方面的差异（丁元竹，2008）。地方政府对基本公共服务的财政投入情况在较大程度上决定了其数量和质量，继而影响基本公共服务均等化的程度和方向（项继权、袁方成，2008）。王锋和陶学荣（2005）认为，较为片面的发展观和管理观造成政府基本公共服务角色和职能的“缺位”和“错位”。由于缺乏与基本公共服务均等化相关的政府官员问责制度（管廷莲、吴淑君，2010），也缺乏多元化的社会参与机制和公民参与机制，政府的供应作为单一来源将不可避免地导致基本公共服务供给不足和供需结构失衡（张开云、张兴杰、李倩，2010）。

城市公共服务在质量和数量上都远远优于乡村，这也是城市这一特定地理空间发挥其空间集约化利用优势的重要方面，是评价一个城市文明发展程度的重要指标。此外，政府长期实行偏向城市的非均衡制度，农村公共产品供给一直实行“自上而下”的决策机制，使得城乡差异越来越大（曹静晖，2011）。城市化带来的城乡公共服务供给差异问题，也成为近年来研究的热点。城乡分治（城乡二元）体制影响下形成的城乡分割和歧视，导致了长期、严重的城乡发展失衡（丁元竹，2008）。在快速城镇化进程中，经济城镇化快于实际城镇化，而忽略了人本身的发展和利益。城乡之间的基本公共服务供需不平衡，而农村地区以农业经济为主，缺少完善的市场模式，使得各种资源无法充分地转移；财政实力薄弱，对政府的财政转移支付依赖性大；城乡户籍二元化等使更多的服务向城市倾斜（梁永郭、徐雪冰、冯鑫淼，2016）。科恩（Cohen，2006）认为，发展中国家过快的城市化进程正导致政府公共服务供给压力不断增大。陆军和尹慧（2010）认为，公共产品是区域城市化和地区经济一体化的助推器，只有多地政府联合供给公共产品才会出现帕累托改进。童光辉和赵海利（2014）通过对“公共物品”概念的反思，分析城镇化进程中各级政府应承担的公共服务责任，认为中央与地方政府应该分别提供不同类型的公共服务以满足城镇化的发展需求。也有学者从人口流动的角度展开实证分析，认为公共服务是影响城市化及城乡人口流动的关键因素，王伟同（2009）实证分析了城市化对城乡基本公共服务供给的影响，认为在二元社会体制客观存在的情况下，人口城镇化发展必将面临公共需求的急剧扩大。刘妮娜和刘诚（2014）从人口城镇化的角度分析城镇化发展路径，认为公共服务是影响城镇化进程的主要途径之一，且大城市和中小城市应采取不同的发展模式。秦雪征等（2014）以北京市为例分析了医疗保险对进城务工人员返乡意愿的影响，认为新型农村合作医疗制度显著增强了进城务工人员的返乡意愿。孙红玲、唐未兵、沈裕谋（2014）则通过探求公共服务“标准人”的计算公式，对劳动力与公共服务同步转移的城镇化方式进行探索。

四、公共服务设施配置的影响因素

国外现阶段对公共服务设施配置的影响因素和成因机制关注得较少。国内由于公共服务领域的体制和机制还不甚成熟，因此对公共服务设施配置的成因机制和影响因素较为关注。公共服务设施配置的影响因素是制约公共服务设施建设水平的关键力量，但不同空间尺度城市公共服务设施配置的影响因素差别甚大。从宏观视角来看，不同区域和城市公共服务设施配置的差异主要与经济发展水平、财政能力差异、城镇化水平、体制机制等因素有关。有研究认为，中国社会性公共服务水平区域差异的影响因素包括区域经济差异、人口向经济发达地区迁移和社会性公共服务发展的滞后性（李敏纳、覃成林、李润田，2009）。也有研究指出，中国基础医疗卫生资源供给的区域差异主要受到医疗卫生体制改革、国家区域政策热点分布的变化、人口的大规模流动、资源供给管理体制改革的滞后以及医疗卫生服务需求的收入弹性刺激等因素影响（郑文升等，2015）。还有研究发现，区域经济基础、城镇化发展水平、公共服务政策以及空间溢出效应等因素造成了京津冀地区基本公共服务水平的空间差异（马慧强等，2016）。从微观视角来看，城市内部公共服务设施配置的主要影响因素可以归结为历史和地理环境因素、经济发展水平、社会因素、规划技术和人口需求等内容。有学者分析认为，影响广州城市公共服务设施空间格局变化的主导因素包括地理环境、历史沉积、经济发展以及转型期制度政策变革（高军波等，2010）。也有研究指出，东北严寒地区村镇公共服务设施配置的主要制约因素为人口结构与居民需求、地域与气候特征、地方管理与投资经营等（程文、夏雷，2015）。还有学者关注了特定类型公共服务设施配置的影响因素，如北京城市公园空间格局变化主要与城市重大事件、城市绿化方针政策、快速城市化和居民日益增长的环境需求等因素有关（毛小岗等，2012）。

五、单一公共服务类型评价

近年来，不少学者从更微观的视角出发，以基本公共服务的单要素为对象展开研究，对教育服务设施、医疗资源等单一公共服务类型的布局与配置等做了较为深入的探讨，提出了针对现有公共服务资源设施配置的不足之处及改进策略。下面以教育和医疗资源为例进行相关研究介绍。

教育公平是指国家对教育资源（尤其是基础教育资源）进行配置时要从符合社会整体的发展和稳定以及社会成员的个体发展和需要这两者的辩证关系出发，它是衡量社会公正水平的一个重要尺度。近年来，国内外学者针对基础教育资源的均衡性和布局规划进行了广泛探索。阿格拉沃尔（Agrawal，2014）通过构建基尼系数，对印度城乡教育的不公平性进行了长时间序列的追踪研究，提出应在区域整体范围内合理均衡配置基础教育资源。甘博亚和瓦腾贝格（Gamboa and Waltenberg，2012）采用了学生数目、学校类型等指标，对拉丁美洲国家的教育不公平性进行了评价研究，指出巴西是拉丁美洲国家中教育不公平性最严重的国家。杜俊秀等（2015）运用网络分析方法，基于学校覆盖状况和入学便利程度建立了中小学布局的指标评价体系，结果表明市区下辖街道与乡镇的基础教育设施水平差异明显。杨卡（2016）评价了北京市教育资源的空间协调性，认为教育资源尤其是优质教育资源过度聚集于主城区空间，城乡基础教育资源配置不平衡，存在资源总量不足、利用不公平、资源配置效率低下、社会资本难以进入等问题。目前来看，国内外针对基础教育资源分配和公平性的研究主要是通过构建多种指标体系来进行教育资源的地区间差异化评价，较少涉及教育资源的地理空间分布特征，且由于研究尺度常以省、市、县等较大的行政区为单位，难以捕捉一个区域内部教育资源的时空分布和差异。

开展公共医疗服务资源布局的分析与优化，对缓解公众需求与服务供给之间的矛盾，以及指导和评估政府部门决策均具有重要的现实意义。耿劲松等（2013）基于调查问卷并结合 SPSS 软件对南通市社区卫生服务中心的各项指标进行了统计调查分析，并提出了优化设施配置、完善考核机制等多项社区医疗机构改革的具体举措。罗娟等（2009）运用洛伦茨曲线、基尼系数指标以及连环比例法进行了上海市医疗资源公平性的研究，并指出健康公共服务资源在城乡地域分配上差距较大，主要集中在中心城区，因而应合理配置医疗资源并提高服务的可达性。何寒青等（2006）、唐国滨、温小霓（2006）分别对浙江和陕西等地区的优质医疗资源进行了聚类分析，结果显示省会城市和经济发达城市拥有较好的医疗卫生资源和条件，且省内城市间的分布极不均衡。米尔塞伊德等（Mirsaeid et al., 2014）通过选取医生数、护士数和床位数等指标，分析了某社区医院与其服务范围内人口分布之间的关系，指出医院的选址受到人口分布和市场需求等多方面因素的影响。奥姆拉尼-胡等（Omrani-Khoo et al., 2013）利用聚集度和罗宾指数对医疗资源的平等性和公平性进行了评价研究，并提出增加设施数量和从医人数的建议。近年来，针对上海市社区健康公共服务资源优化配置的研究也层出不穷。赵丹丹（2008）对上海健康公共服务资源及其纵向整合现状进行了研究，认为基层医疗服务资源配置和利用水平较高，但各级机构之间参差不齐，可以通过纵向整合提高配置和利用效率。史戈、徐卫国（2012）以上海市社区卫生机构为例，利用数据包络分析方法和 Tobit 回归模型分析发现整合举措可使医疗机构效率值显著提高，高级职称医生的比例是效率提升的关键因素。吴琦（2015）提出应加大对公共医疗资源的投入力度、完善公共医疗服务体系、提高医疗资源的信息化管理能力等政策建议，以期实现资源的均衡性配置。目前，国内外针对社区健康公共服务资源配置优化的研究以定性分析为主，常借助社区医疗资源整合的个体案例进行分析。同时，由于缺乏系统和定量的数据分析支撑，研究结论只能提供对微观个体的整改指导或者宏观层面的政策性建议。

近几年，城市医疗资源的可达性成为研究热点，在模型方法和案例实践中均取得了诸多突破。可达性是指利用一种特定的交通系统从某一给定区位到达活动地点的便利程度（李平华、陆玉麒，2005），其高低直接影响人们出行的便捷程度（樊立惠、蔺雪芹、王岱，2015）。而且，可达性还受到多种因素的影响，比如交通道路、地理位置、社会需求等（胡瑞山、董锁成、胡浩，2012）。因此，基于空间可达性的研究成为地理学、规划学、社会学、管理学等研究领域的热点，研究者逐渐开发了两步移动搜索法、潜能模型法、引力模型法、最小行进成本法等方法（胡瑞山、董锁成、胡浩，2012；宋正娜、陈雯，2009；曾文等，2017；Guagliardo，2004）。在相关模型研究中，潜能模型考虑距离衰减作用，但忽略了居民前往不同等级医院的出行抗阻差异（陶印华、申悦，2018）；引力模型仅考虑医疗点间的竞争效应，其评价结果的可靠性会受到一定的质疑（李朝奎，2018）。而两步移动搜索法在区域可用性方法的基础上形成，在一定程度上解决了空间分布问题，通过交通线路连接患者和医院的相互作用，将供应、潜在需求和最小成本之间的相互作用纳入其对空间可达性的度量。

六、相关研究小结

图 2-1 总结了国内外城市公共服务设施配置研究的发展趋势及特点。总体来看，国外城市公共服务设施配置的研究起步较早，大致经历了从定性分析到定量研究再到目标导向三个阶段，经过长期的研究积累，已经形成了较为成熟的理论体系和研究方法，主要研究特点为：其一，研究和应用相结合，在选址和评估等应用领域不断加强和深化，扩展研究深度；其二，数据获取与研究技术手段更加精细和定量，通过融合不同数据来源和测度方法，形成了丰富的模型和指数；其三，研究重心从注重公共服务设施配置的“应用实践”和“技术手段”，逐渐转变为兼顾空间公平的“建设理念”和“绩效评估”的综合全面研究，并注重影响机制和成因分析，具有较强的理论指导和实践意义。而国内针对城市公共服务配置的研究起步较晚，也大体经过了从注重要素布局到可达性及影响机制分析等阶段。但从目前来看，研究多侧重定性的实践指导，效用研究较少，主要是以目标为导向的评估，且研究尺度较大而粒度不够。

基本公共服务空间配置和能力评估的已有研究在其发展现状、差异原因、评价指标体系异同等基础性问题上取得了较为显著的成果，但同时也

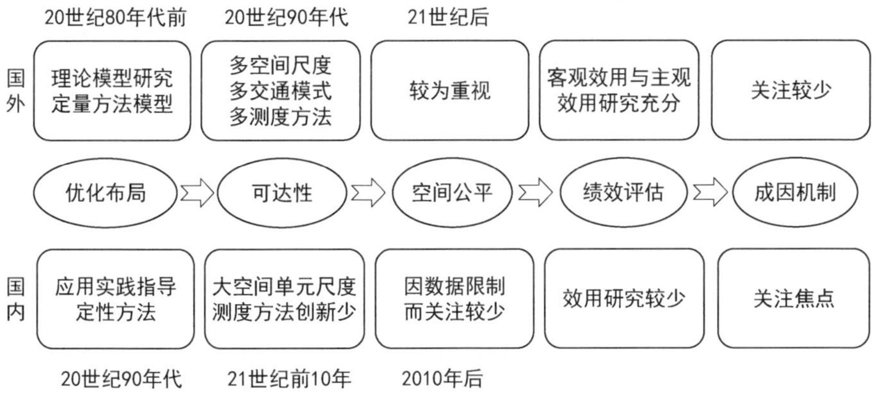

图 2-1　国内外城市公共服务设施配置研究的发展趋势及特点

存在以下不足之处。

一是研究视角较为局限。一方面，现有研究较多地从公共管理或者经济学视角出发，较少地从社会学、伦理学等视角探讨基本公共服务均等化和社会公平的内在深层逻辑。另一方面，基本公共服务涉及供给者政府与服务的消费者（公民）两个层面的行为主体，而现有研究大多从政府供给角度出发，较少从目标群体（公众需求）的角度分析基本公共服务的均等化问题。因此，综合运用不同学科的相关理论对基本公共服务能力进行深度分析，是今后研究的重点方向。

二是实证研究较少。现有研究较侧重于对我国基本公共服务能力现状与问题的现象描述，包括各级政府如何实施各种措施推进基本公共服务的均等化、存在哪些困难、如何改进等制度性层面的分析，但对基本公共服务的质量以及绩效等的研究较少（宋文昌，2009）。随着人们越来越注重对日常生活质量和生活品质的追求，城市公共服务研究也应由“以地为本”转向“以人为本”，因此要针对基本公共服务的质量与公平增加实证研究。

三是定量研究较少。正如前文所示，目前研究基本公共服务能力评估多运用定性方法，少部分学者借助公共经济或财政指标衡量基本公共服务水平，但较为单一，缺乏多指标综合加权模型，同时指标体系依然以基本公共服务供给者为主体，没有以基本公共服务均等化水平为指向。而将

GIS 技术和遥感手段等新兴数字技术应用于公共服务资源布局的研究，也开拓了应用的新领域。因此，要基于多学科交叉融合，重视定量分析方法，创新基本公共服务空间配置研究。

综上所述，国内外针对公共服务资源配置评价和优化的研究以定性分析为主，常借助空间分辨率较低且无法实时动态更新的常规统计数据建立指标评价体系。同时，由于缺乏系统和定量的数据分析支撑，结论只能提供对微观个体的整改指导或者宏观层面的政策性建议。目前，地理信息系统应用于公共服务资源的优化布局有待于进一步深度开发，而其与大数据应用的深度结合将为公共服务管理和决策研究带来重大的机遇。

第三章　城市公共服务热点问题及国际经验借鉴

本章主要基于前人研究、政策文件、历年统计数据等梳理我国及上海的城市公共服务的发展状况及特点，基于宏观环境调查了解目前上海城市公共服务存在的问题。同时基于国外基本公共服务建设的经验，了解各国的政策取向、制度设计、具体标准及实施方法等，以期为我国的公共服务建设提供启示。

第一节　我国城市公共服务配置的发展状况及特点

我国城市社区公共服务起步于改革开放后，城市社区公共服务对居民生活的影响也越来越大，社区公共服务供给中的问题也日益凸显。党的十九大报告指出，我国社会的主要矛盾已经转化为人民日益增长的美好生活需要和不平衡不充分的发展之间的矛盾，这对公共服务能力和配置效率等都提出了更高的建设要求。2012 年 7 月出台的《国家基本公共服务体系“十二五”规划》从实践操作层面制定了基本公共服务国家基本标准，明确了四个主要目标：供给有效扩大、发展较为均衡、服务方便可及、群众比较满意，最终实现基本公共服务均等化。2017 年 3 月，国务院印发的《“十三五”推进基本公共服务均等化规划》指出：“到 2020 年，基本公共服务体系更加完善，体制机制更加健全，在学有所教、劳有所得、病有所医、老有所养、住有所居等方面持续取得新进展，基本公共服务均等化总体实现。”2018 年 12 月，中共中央办公厅、国务院办公厅印发的《关于建立健全基本公共服务标准体系的指导意见》指出，“要建立健全基本公共服务标准体系”，“力争到 2025

年，基本公共服务标准化理念融入政府治理，标准化手段得到普及应用，系统完善、层次分明、衔接配套、科学适用的基本公共服务标准体系全面建立；到 2035 年，基本公共服务均等化基本实现，现代化水平不断提升”。根据中央办公厅与国务院办公厅《关于加强与改进城市社区居民委员会建设工作的意见》文件指示，社区居民委员会要协助城市基层人民政府或者它的派出机关做好与居民利益有关的社会治安、社区矫正、公共卫生、计划生育、优抚救济、社区教育、劳动就业、社会保障、社会救助、住房保障、文化体育、消费维权以及老年人、残疾人、未成年人、流动人口权益保障等工作。可见，社区行政化职能较重，有些社区甚至承担着更多的行政职能。目前，我国公共服务存在城乡和区域配置不平衡、资源总量不足、资源配置效率低下、政府行政化职能过重、城市居民社区参与度偏低、社会资本难以进入等问题（陈伟东、张大维，2007；任文杰，2014），完善公共服务资源的优化配置任重道远。

党的十九大报告指出，建设教育强国是中华民族伟大复兴的基础工程，必须把教育事业放在优先位置，加快教育现代化，办好人民满意的教育。在当今知识经济迅猛发展的国际竞争环境下，教育资源越来越成为一个国家或地区的核心竞争力之一。合理配置教育资源对于协调教育与社会经济的发展具有非常重要的现实意义。教育资源的区域分布不均也是我国不同区域经济社会发展差距的重要原因。目前，我国很多地区的教育资源的布局规划处于经验型的决策状态中，而教育设施的发展又相对滞后，无法适应社会经济的迅速发展和变化，尤其是优质教育资源的配置不尽合理，难以与社会经济发展相协调。优化医疗资源公平分配是医疗改革的重要目标之一，关系到医疗资源的利用效率，关系到人民群众不断增加的就诊需求，是确保社会健康和实现可持续发展的主要保障。与发达国家相比，我国医疗资源不但总量不足，分布也不均衡，2019 年，城市平均每千人拥有卫生技术人员数量为10. 9 人，而农村只有 4. 6 人。在医疗机构床位方面，城市每个人拥有医疗机构床位数量为 8. 7 张，而农村只有 4. 6 张。国务院办公厅印发的《全国医疗卫生服务体系规划纲要（2015—2020 年）》要求各个地区要加大对医疗卫生服务资源短缺、社会资本投入不足地区的投入，加强民营医院的建设和完善，满足群众基本医疗卫生服务需求。

表 3-1 中央和地方财政部分支出项目年均数额

单位：亿元

项目	2012 年			2015 年			2018 年		
	国家财政	中央财政	地方财政	国家财政	中央财政	地方财政	国家财政	中央财政	地方财政
教育	21 242.10	1 101.46	20 140.64	26 271.88	1 358.17	24 913.71	32 169.47	1 731.23	30 438.24
文化体育与传媒	2 268.35	193.56	2 074.79	3 076.64	271.99	2 804.65	3 537.86	281.13	3 256.73
社会保障和就业	12 585.52	585.67	11 999.85	19 018.69	723.07	18 295.62	27 012.09	1 184.55	25 827.54
医疗卫生	7 245.11	74.29	7 170.82	11 953.18	84.51	11 868.67	15 623.55	210.65	15 412.90
城乡社区	9 079.12	18.19	9 060.93	15 886.36	10.83	15 875.53	22 124.13	86.38	22 037.75

资料来源：根据 2012 年、2015 年、2018 年《中国统计年鉴》中的有关数据整理。

由表 3 - 1 可知，随着年份增长（2012—2018 年），国家财政在各项公共服务上的预算支出逐渐增长，其中增幅最大的为城乡社区，其次为教育、社会保障和就业、医疗卫生，而文化体育与传媒的增幅显著低于其他几类。在国家财政中，地方财政预算支出也是逐渐增长的，各项公共服务预算支出增幅规律与总体一致。而地方财政占比则呈现下降趋势，中央财政占比不断上升，尤其体现在城乡社区、医疗卫生及教育项目，而文化体育与传媒的地方财政支出占比有所增加，这说明我国公共服务对中央财政的依赖性较强，且仍有不断加重的趋势。

在新时代高质量发展的目标和需求导向下，国家基础公共服务设施的内涵发生了变化，除了完善交通、能源、水利、物流、市政等传统的物质基础设施外，还要大力推进人工智能、工业互联网、物联网等新型基础设施建设，即高质量发展的基础设施需要兼顾存量和增量，统筹传统和新型的基础设施（冯维江、张斌、沈仲凯，2015）。顾朝林等（2020）认为高质量发展的核心是资源供给和人类需求的有效匹配，还要考虑经济结构协调、人民生活水平提升、资源环境改善等因素（王一鸣，2018；钟茂初，2018）。这意味着新时代的高质量基础设施规划，一方面，需要进一步发挥传统物质基础设施的作用，特别是关注硬基础设施的现代化和软基础设施的数字化；另一方面，为满足各类需求的高质量发展，新消费基础设施的布局也很关键。

第二节　上海城市公共服务的发展状况及问题分析

一、上海市基本情况介绍

上海是我国中心城市、超大城市，地理位置与经济贸易条件优越，位于长江入海口南缘，东面东海，北临江苏，南接浙江，交通通达度极高。截至 2019 年，上海共有 16 个区，总面积达到了 6 340. 5 平方千米，常住人口达到 2 428. 14 万人，其中户籍常住人口 1 450. 43 万人，GDP 达到 38 155. 32 亿元，人均可支配收入为 69 442 元。依托于长三角地区通达的交通网，上海成为长三角城市群的龙头城市。

从 20 世纪 90 年代末期开始，上海进入快速城镇化发展阶段，1997—2017 年这 20 年间，常住人口从 1 489 万人增长到 2 453 万人，建设用地面积从 1 073 平方千米增长至 3 071 平方千米。中心城区的边缘不断突破外环线，向四周的郊区延伸。

本书主要研究区域是上海市 16 个区。其中，中心城区主要包括黄浦区、徐汇区、长宁区、静安区、普陀区、虹口区、杨浦区；近郊区包括浦东新区、闵行区、宝山区、嘉定区；远郊区包括金山区、松江区、青浦区、奉贤区、崇明区（见图 3－1）。上海在加快实现“四个率先”和建设“四个中心”的进程中，坚持以人为本，着力解决人民群众关心的重点、

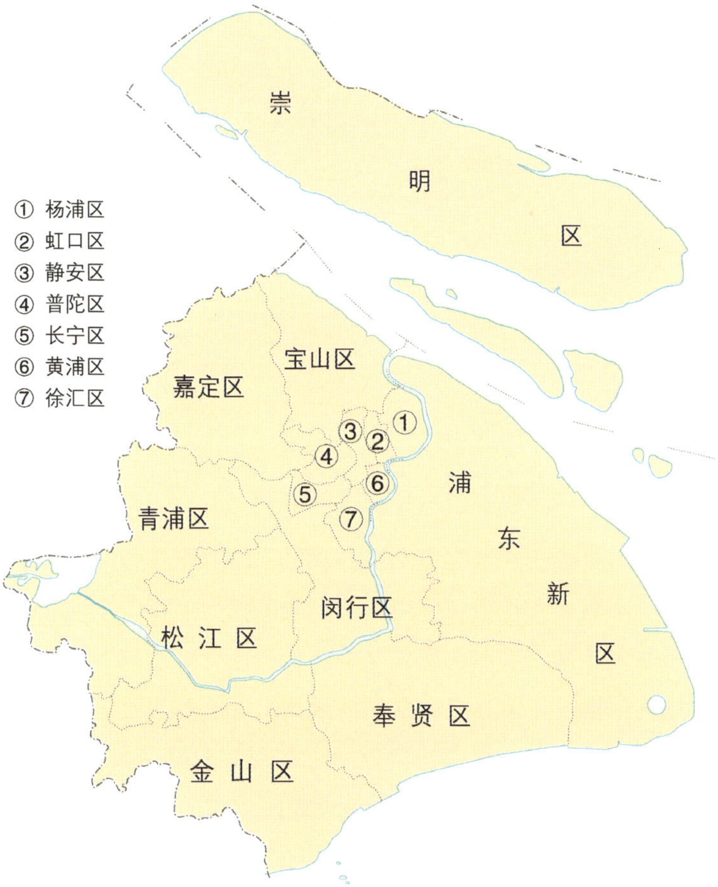

（a）

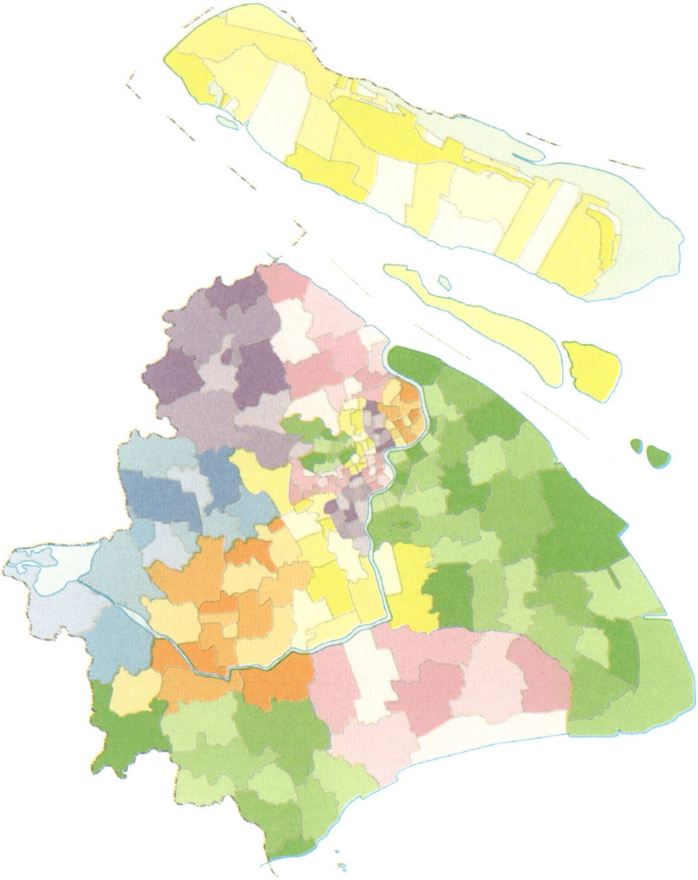

（b）

（a）县区级；（b）乡镇街道级。

图 3-1 上海市行政区图

热点和难点问题，将教育、医疗等基本公共服务的公平作为社会公平的重要基础和动力，不断加大科学统筹协调及政策调控的力度，使基本公共服务均等化水平显著提高。虽然上海在基本公共服务总量和均等化程度等方面领先于全国其他地方，但社会公众的期望比全国平均水平高，城市发展对基本公共服务的要求也相对高。因此，上海要针对社会发展存在区域、城乡及人群之间的差距，以及财政支撑能力差距较大、外来人口急剧增加、社会诉求多元化等多重新问题，大力提升基本公共服务空间配置的效率。

在 2016 年中共中央政治局审议通过的《长江经济带发展规划纲要》

中，上海被认定为长三角城市群的唯一“超大城市”。而一座城市要配得上“超大”二字，不仅要在面积、人口这些可控、可知的数字上达标，还要面对城市背后繁复的空间结构、庞杂的治理难点，以及许多不可预见的变化。2016 年制定出台的《上海市基本公共服务体系“十三五”规划》明确指出，到 2020 年，基本实现城乡、区域基本公共服务均等化。《长江三角洲城市群发展规划》提出要严格控制上海中心城区人口规模。合理确定全市特别是中心城区人口规模调控目标，坚持政府引导与市场机制相结合，推动以产业升级调整人口存量、以功能疏解调控人口增量。优化公共服务资源配置，引导人口向郊区、重点小城镇和临沪城市合理分布。

作为长三角世界级城市群的核心城市，上海长期以来的城市基础设施建设重视大型项目而忽视“日常生活空间”的营造，也导致了公共服务空间分布不均衡、弱势群体利益被忽视的结果。在新常态发展的背景下，快速城市化进程对上海的社会、经济、环境各方面产生了巨大影响，也带来了严重的城市病，出现了交通拥挤、住房紧张、供水不足、能源紧缺、环境污染、秩序混乱，以及物质流、能量流的输入、输出失去平衡，需求矛盾加剧等问题（Batty，2008；Ebenstein et al.，2015）。城市规划和建设盲目向周边扩展，大量耕地被占，人地矛盾尖锐，带来了道路交通、公共服务等基础设施建设相对不足和落后等问题，使城市建设与城市发展处于失衡和无序状态，造成资源的巨大浪费、居民生活质量下降和经济发展成本提高，在一定程度上阻碍了城市的可持续发展，给城市的公共服务能力带来巨大挑战。从发展现状看，上海一些中心城区的边缘区域的公共服务设施配置水平却远不及那些郊区新城，并一度出现了土地资源利用低效、功能提升相对滞后、人口结构混杂的问题。同时，上海出现了郊区化背景下的城市结构转型，中心城区和郊区差距在进一步拉大。“城乡二元结构”不仅成为一种社会现象，更成为一种“问题”而制约着城市进一步发展。刊登在《上海城市规划》2017 年第 4 期上的《上海市城镇圈空间组织模式及规划实施模拟研究》一文中，来自上海市城市规划设计研究院的学者也指出，上海中心城周边是城市建设较为活跃的地区，一度出现了空间布局杂乱，文化、体育、医疗、教育等公共服务设施配套水平与中心城、新城差距明显，生态空间蚕食严重等问题。2017 年 12 月 15 日经国务院批复原则同意并于 2018 年 1 月 4 日发布的《上海市城市总体规划（2017—2035 年）》明确提出，面对老龄化程度日趋严重、人口结构更加多元的未来社会，上海致力于通过对城市品质魅力的不懈追求，成为文化治理完善、市民高度认同并共同参与，兼具人文底蕴和时尚魅力的幸福、健康的人文城市。鉴于上海内部中心城区与郊区农村并存的空间格局，以及发展先进制造业和现代服务业的客观要求，上海需要通过推进周围郊区小城镇建设，促进城市空间结构调整来创新城市形态，以满足中心城区的迅速发展的需求。

二、公共服务的区域差异及发展特点

从教育、医疗卫生、公共文化等城市公共服务建设发展成效和问题出发，本研究以教育、医疗和文化服务设施为例，针对上海的公共服务分布特征开展了宏观调查。调研发现，上海存在城乡公共服务的供给需求与矛盾大、教育服务总量发展快但均等化程度不够、医疗卫生机构资源结构不合理以及公共文化设施集聚分布、区域差异化明显等问题。由于人口集中度较高和商业设施发育程度高，上海中心城区人均公共服务设施优势明显。近郊城区由于居住功能占比较大，公共服务设施水平中等。而远郊城区（金山区、奉贤区、青浦区、松江区、崇明区）公共服务设施薄弱，人口稀少、交通不便等原因制约远郊地区公共服务设施的发展。具体来看，上海的公共服务分布有以下发展特点。

1. 教育资源投入总体增加，但各区县之间分配仍不均衡，郊区教师资源仍较落后

由于人口和各种公共服务资源在大都市快速集聚，北京、上海、广州等大都市纷纷面临着人口疏解和教育资源难以分配的困境。上海作为大都市之一，基础教育资源数量和质量虽然远高于全国平均水平，但社会公众的期望比全国高，城市发展也对基本公共教育服务提出了更高的要求。在城乡和区域之间，基础教育资源的绝对总量和人均量的差距还在继续拉大。尽管教育设施总数增长迅猛，但公众对教育服务的需求也在不断提

升，教育供给问题严重制约着社会问题的解决。目前，上海要针对社会发展存在区域、城乡及人群之间的差距，以及财政支撑能力差距较大、外来人口急剧增加、社会诉求多元等多重新问题，大力推进基本公共服务均等化。

上海作为教育资源高地，即便已经加大教育资源投入力度，采取“城区优质学校托管农村学校”“推行学区化、集团化办学，打破校际壁垒”等措施，各区仍在一定程度上面临优质教育资源投入不均衡、办学水平参差不齐等状况。上海教育资源的分布体现了以下两个特点：

第一，教育设施集聚效应显著，区域之间发展不均衡，均等化程度不够。上海虽然在服务设施配置方面领先于全国，但上海社会公众的期望比全国平均水平高，城市发展对均等化的要求也相对高。上海教育资源的不均衡性显著，就地理方位而言，上海西部的教育发展要优于东部。黄浦区、徐汇区、静安区、普陀区、杨浦区、虹口区、长宁区都是上海的教育高质量地区，示范校、区重点、市重点、国重点比比皆是，教育经费投入相对于青浦区、奉贤区、松江区、嘉定区、金山区、宝山区、浦东新区比重大，后者发展慢于前者。

第二，公共教育资源投入总体增加，教育服务总量发展快，但各区县之间分配仍不均衡，郊区教师资源仍较落后。截至 2017 年年末，上海全市有普通小学 741 所，普通中等学校 900 所。全市九年义务教育入学率保持在 99.9%以上。上海市统计局 2017 年统计年鉴显示，嘉定区公办小学有 29 所，学生数为 37 331 名，每班平均 40.1 名学生，沪籍与非沪籍学生比为 1∶1。嘉定区公办小学教职工共 2 496 名，与学生配比率约为 1∶15，而同一时期黄浦区教职工与学生配比率约为 1∶10，杨浦区约为 1∶11，全市平均约为 1∶13。据统计，中心城区的人均学校面积普遍高于郊区，最高的徐汇区是最低的青浦区的 4 倍多。在上海，三分之一的区人均学校数在减少。对于教育资源来说，远郊区人均额的增长得益于总量增长，近郊区和中心城区人均额的减少在于人口剧增。从这一对比可以看出，郊区的基本公共教育资源还比较缺乏，教师配置标准还比较低，这也是造成市区和郊区基本公共教育服务水平差距的重要原因。

2. 各级医疗机构处于较高负荷的运行状态，城乡医疗资源可达性差距较大、资源结构不合理

为落实上海市委、市政府《关于完善重大疫情防控体制机制 健全公共卫生应急管理体系的若干意见》和《健康上海行动（2019—2030 年）》，2020 年 6 月，市卫生健康委员会、市发展改革委员会、市经济和信息化委员会、市财政局制定了《上海市加强公共卫生体系建设三年行动计划（2020—2022 年）》，旨在推动本市公共卫生体系在基础设施、核心能力、学科人才、工作机制等方面实现高质量发展。

优化健康公共服务资源公平分配是卫生改革的重要目标之一，也是确保人民健康水平不断提高和解决目前“看病难”的主要途径。医疗卫生机构种类丰富，各类医疗机构处于较高负荷的运行状态。上海市卫生健康委员会发布的统计数据显示，2017 年，上海市医疗机构门急诊量达到 2. 73 亿人次，出院人数达到 419. 73 万人次，手术服务量达到 230 万人次。上海市各级各类医疗卫生机构总数达 5 144 所（含村卫生室），其中医院 363 所，基层医疗卫生机构 4 574 所，专业公共卫生机构 112 所，其他机构 95 所。卫生技术人员 22. 78 万人，其中医生（含执业医师和执业助理医师）6. 83 万人。全市医疗机构实际开放床位 13. 46 万张，比上年同期增长 4. 18%。按照当年上海常住人口 2 418. 33 万人统计，每万人口医生数 28 人。但实际无法达到如此高数值，因为上海作为全国的医疗发达地区，医生不仅服务于上海本地人口，更将大量服务于全国入沪就医人口。而根据美国医疗学院协会（Association of American Medical Colleges, AAMC）的统计，2016 年全美医生人数为 87. 76 万人，其中初级诊疗医生人数为 29. 63 万人，占比为 33. 8%。考虑人口因素，美国每万人医生数以及初级诊疗医生数分别为 27. 16 人与 9. 17 人。由此可见，上海虽然医疗水平处于全国前列，但是各类医疗机构仍处于较高负荷运行状态，且各区卫生医疗机构及人员分布有较大差距。

尽管上海的医疗服务设施总数增长迅猛，指标均高于全国平均水平，但公众对医疗服务的需求也在不断增加，供给和分配问题制约着健康公共服务水平的提高。《上海市区域卫生规划（2011 年—2020 年）》显示，

在总量体现出巨大优势的同时，医疗卫生机构资源结构不合理，呈现以下几个特征：一是纵向配置失衡，优质资源相对集中于三级医院和市级公共卫生机构，社区卫生服务机构硬件建设已得到加强，但最核心的人才等资源配置尚未到位，随着职能增加，基层卫生资源更显紧缺。二是区域配置失衡，尤其是郊区和人口导入区与中心城区相比配置相对不足。统计结果显示，上海半数以上的区人均医院数量减少，增减区位分布零散。中心城区人均医院明显高于郊区，最高的静安区是最低的奉贤区的 13 倍。人均最高的区增长最快（徐汇、金山、黄浦、长宁），人均最低的区增长最慢（奉贤、青浦、松江、浦东）。三是部分专科建设相对滞后，康复、为老医疗护理、精神卫生、妇幼卫生、院前急救等资源供需矛盾比较突出，人力资源配置有待进一步加强。四是社会办医数量虽然较多，但总体水平不高，公共卫生社会服务未得到有效发展。

3. 公共文化设施体系相对完善，但各区需求差别较大

根据上海市文化广播影视管理局对上海打造现代公共文化服务体系、建设国际文化大都市有关情况的介绍，截至 2011 年，上海在公共文化设施方面已基本形成涵盖市、区、街道、村居的四级的公共文化基础设施网络，实现了“15 分钟公共文化服务圈”，为上海建设国际文化大都市奠定了强有力的基础。“文化上海云”数据显示，不同区域、不同场馆、不同群体的公共文化需求差别较大。例如：浦东新区最受欢迎的是周末举办的亲子类活动，而松江剧场最受欢迎的是沪剧；徐汇区凌云社区 85% 的服务人群是 50 岁以上的中老年人，90% 的用户居住在社区文化中心周围 3 千米范围内；嘉定区 60% 以上的用户是 30~39 岁带孩子的年轻家庭，像菊园、安亭等社区的文化中心的服务半径不超过 10 千米。产生区域化差异的原因一方面是各区人口年龄、性别、婚姻、子女状况的不同，另一方面可能是部分示范区文化经费保障充裕，无论是硬件设施还是软件等方面条件均很优秀，但也有个别区、镇没有专项资金扶持，在一定程度上影响了基层工作的开展。各文化活动中心年度预算资金规模不同，文化服务工作的深入程度也存在一定差异，说明基层公共文化服务标准化、规范化进程还需要逐步完善。

总体来看，上海市公共文化设施集聚分布，区域差异化明显，具有以下两个特征：第一，公共文化设施体系完善，总量提升明显。截至2018年，全市共有美术馆77家，其中国有18家、民营59家，均已实现免费开放。每年举办展览数量比五年前翻了一番，每年有近500场展览，接待观众人次比五年前翻了三番，每年超过500万人次。全市共有博物馆125家，其中免费开放的有102家，80%以上实现了免费开放，全市每20万市民拥有1座博物馆。每年共举办陈列展览超过800场，年观众接待量超过2 100万人次。截至2018年，全市共有图书馆240家，每10万市民拥有1.2家图书馆，人均藏书3.27册，均处于国内领先地位。第二，公共文化设施集聚分布，区域差异化明显。中心城区文化设施相对较多，其中黄浦区、徐汇区、浦东新区文化设施明显较多，郊区的文化设施相对较少。对于公共文化服务建设，不能仅满足于现状，更应着眼于未来。要针对社会发展带来的区域、城乡及人群之间的差距，以及财政支撑能力差距较大、外来人口急剧增加、社会诉求多元等新问题，提高基本公共服务均等化程度。

第三节　国外基本公共服务建设的经验与启示

正如前文所述，基本公共服务是政府依法为全体居民均等化提供的社会公共服务，是公民基本社会权利、基础性社会福利的重要保障。基本公共服务的供应主体是政府等公共部门，包含满足社会公共需求的公共产品和服务，受众是全体居民，供其共同消费并平等享用。建设公共服务体系是世界性的课题，如何有效发挥政府主体作用，国外尤其是发达国家也进行了多方面的探索，并逐步形成了各自特色鲜明的公共服务体系（曹福然、詹一虹，2019；程顺祺等，2016）。

国内外对公共服务的定义和包含的内容有细微差别，但基本上会包含基础教育、医疗卫生、基本社会保障、基础科技和公共文化、基础设施等。公共服务建设就是某一政府根据本国国情或经济社会发展的不同阶段，针对以上所包含的内容或者其中一方面进行总体建设。公共服务一般包含普惠性、公平性、动态性三方面的特点。其中，普惠性是公共服务建设的基本原则；公平性即均等化，要求居民能公平地享有公共服务；动态性则要求公共服务水平随经济社会发展而不断提高。西方发达国家的公共服务体系建设经历了有限公共服务时期、发展和健全时期、改革时期三个阶段，这也与其经济社会发展的特点密切相关。1970 年以来，为保障公共服务的可持续发展，多个西方国家采取推进其市场化和社会化等措施（姜异康等，2011）。了解这个过程中各国的政策取向、制度设计、具体标准及实施方法等，对我国的公共服务建设具有较好的借鉴意义。下文将分别介绍西方发达国家、新兴工业化国家以及发展中国家的公共服务体系的建设过程，并分析其经验教训。

西方发达国家如美国、德国和日本的公共服务体系同时重视公平与效率，而英国、法国及北欧则注重公平。前者有机结合政府公共补贴及工作职能与市场机制，其运作模式以政府调节分配为前提，以个人自助为主，而政府补贴、商业保险为辅。比如，在德国的社会保障项目中，主要由员工个体和所在企业分担失业和医疗保险所需资金，只有在以上项目亏空时，政府才给予部分财政补助。而在注重公平的公共服务体系中，主要还是以政府为主体，希望实现公共服务的普惠性和公平性。在这种体系中，公共服务的覆盖面较广，服务项目也较多，水平较高，服务体系也较为健全。比如，北欧国家普遍有全面、高水平的社会保障，均等化水平高。

在新兴工业化国家的公共服务体系建设中，新加坡和韩国是较有代表性的两个国家。新加坡的公共服务体系建设比较强调政府的主体作用，尤其是在扶贫解困方面，重点救助最为困难的社会群体。其典型例子是占总住房 85%的公共住房均由政府提供，交易也由政府调节，很好地解决了住房问题。另外，新加坡的公共服务覆盖面较广，其社会保障体系以中央公积金为核心，包含养老、住房和医疗等各方面。而韩国在建设公共服务体系过程中重点关注收入、医疗、教育和居住这四方面，旨在推广普惠性，减少城乡差异，实现居民的基本生活保障。在建设过程中，其基本指导思想是避免过多财政投入而影响经济发展，即适度建设。

发展中国家在建设公共服务体系过程中，由于经济发展的限制，也有其特点和局限性。俄罗斯政府目前在建设公共服务体系过程中，也以国家调控为主，重点关注贫困问题和如何提高居民实际收入，因此实行包括劳动报酬、社会保障、住房、医疗、教育等在内的各方面改革措施，以促进人民生活水平的提高。印度在建设公共服务体系过程中也追求公平性，同时覆盖面较广，但其公共服务水平较低。典型代表为其在医保制度方面的创新，即于2010年开始推广的全民医保计划（NHR），计划于2012—2017年投入54亿美元于公立医院，实现看病后基本免费拿药。全民医保制度是想实现公私立医院共同提供基本公共卫生服务，费用由政府主办的医疗保险计划来支付，但由于庞大的医保支出可能会导致经济发展速度变慢，因此实施度不算高。而这个过程也需要政府坚定的承诺和执行力，以及大量的优质医护人员，这一点印度政府可能没法完成。

从以上三种不同类型国家的公共服务体系建设经验来看，可以得到的启示有以下几个方面。

（1）应立足于国情建设符合本国经济社会发展阶段、政治经济体制特点的公共服务体系。由以上各个国家的公共服务体系特点来看，发达国家由于其经济发展水平较高，公共财政投入比例大，因此公共服务体系覆盖面全，水平也高，公平性也实现得较好，同时能有机结合政府财政投入和市场经济体制，如德国和美国等。新兴工业化国家如韩国，能客观考虑经济发展现状，适度建设公共服务体系，同时秉承动态性，也实现了社会公共服务与经济增长的良性循环和共同促进。而发展中国家也在倡导公共服务的公平性和普惠性，旨在提高全民生活水平，但局限于经济发展水平，公共服务的投入水平可能不如其他类型的国家高，不过发展中国家将公共服务建设集中在某些最为紧迫的领域，如医疗或基本保障等，也在一定程度上满足了民众的公共需求。

（2）随着经济发展水平提高，不断加大公共服务财政投入，以有效保障公共服务为重点，这是目前世界各国的共同经验和普遍做法。尤其是对发达的市场经济国家来说，面向民生的社会保障类支出是其财政支出主体，但这在一定程度上会给经济社会发展带来一些负面影响。而在我国，财政支出可能在经济建设方面比重较高，社会福利性支出比重较低。因此，我们应在考虑经济发展水平的基础上，合理适当地加大公共服务的财政投入。

（3）适当创新公共服务供给方式，实现服务主体的多元化。从前文我们可以看到，西方国家，如美国和德国，实现了公共服务的公平性和效率性兼顾，这得益于其在保障政府主导职能的同时，调动了社会和市场在公共服务供给中的作用。如美国的医疗卫生、社会服务、艺术文化等领域的很多服务由私人性质的营利或非营利组织提供，而这些服务的资助大多来源于美国联邦政府。这一点在我国的社会服务组织中也得到了较好的倡导和实行。当然，在这个过程中，我们也应警惕过度推行某些领域的公共服务市场化，导致其服务质量下降，影响其公平性，甚至造成公共安全受损。我国应该分阶段建立健全城乡一体的公共服务体系，逐步实现基本公共服务均等化；明确各级政府的财权与事权，完善公共服务组织体系、公共服务集中统一管理网络化；完善公共服务制度，统筹公共服务支出，保障公共支出效率；建立政府主导、社会广泛参与的多元化公共服务提供体系；对贫困地区、弱势群体实施倾斜扶持政策，最大限度地实现公平。

公共服务体系建设是一个世界性的课题，是有效发挥政府作用、加强公共服务职能的核心问题。美国政府比较重视公共服务体系建设，逐步形成了具有本国特色的公共服务体系。北美的加拿大、美国是实施均等化政策较早的国家，也是目前世界上比较典型的实践这一措施的国家，它们的公共服务均等化政策强调联邦政府的作用，依靠联邦政府的力量推动公共服务均等化政策的执行与落实。欧洲许多国家在重点发挥中央政府作用的同时，更强调调动地方政府参与公共服务均等化的意义。上海应依据自身的特色，制定不同的人口发展战略，借鉴国际大都市发展的经验，以优化公共服务配置为手段，积极改变公共服务的提供方式，逐步实现基本公共服务均等化，促进上海人口的长期均衡发展；针对集中、高效、密集和多样化的城市特点，制定并实施与产业、资源、人口发展相匹配的公共服务战略。

第四章　城市公共服务资源的分布与特征：数据处理与分析

本章主要对研究的对象和区域进行界定，确定研究数据的主要来源。在综合考虑各类基本公共服务的科学性和合理性的前提下，将上海基本公共服务分为教育服务、医疗服务、文化服务、生态环境服务、生活服务和社会保障服务六类。接着对收集的数据进行分析，探究上海市各类基本公共服务的空间分布状况。同时，引入了 BME 等时空数据处理方法，基于多源大数据反演的上海市人口密度分布数据，为后面章节中各类公共服务的分布、功能和范围等研究提供数据基础。

第一节　数据分析模型和方法

一、两步移动搜索法

两步移动搜索法是对移动搜索法的改进，是分别以供给点和需求点为基础，移动搜索两次，得到每个需求点可达性数值的方法（王法辉，2009）。本书根据上海市 POI 数据，再结合交通数据运用两步移动搜索法计算各类公共服务到居民点的最短距离来定义公共服务设施的可达性，研究基本公共服务的时空分异特征，探讨公共服务资源的空间匹配状况。

参考以往相关研究，高雁鹏、李沐雨（2018）基于研究区域路网测算了街道级居民点对区级和省市级医院的空间可达性，考虑了距离衰减作用，同时通过在研究区内发放问卷来确定搜索半径，但是没有考虑不同的道路交通状况。许婵、文天祚、王坤晓（2019）利用空间人口因素及其改进的两步移动搜索法研究北京市核心区医疗设施的可达性，文章中将其影响因素进行了论证考虑，但没有考虑不同道路交通的速度，也没有将医院进行等级划分。而两步移动搜索法以供给点和需求点为基础，分别从供给地和需求地以一定的搜索范围移动搜索两次得到公共服务设施的可达性（Cheng et al., 2016），从供、需两个角度计算搜索区域范围内的供需比例。计算公式如式（4－1）和式（4－2）所示：

$$R_j = \frac{S_j}{\sum_{k \in (d_{kj} \leq d_0)} P_k} \tag{4-1}$$

$$A_i^F = \sum_{j \in (d_{ij} \leq d_0)} R_j = \sum_{j \in (d_{ij} \leq d_0)} \frac{S_j}{\sum_{k \in (d_{kj} \leq d_0)} P_k} \tag{4-2}$$

在公式（4－1）（4－2）中，所有离 j 距离阈值（d_0）范围内的需求点 k，计算供需比 R_j，进而对每个需求点 i，搜索所有在 i 距离阈值（d_0）范围内的供给点 j，将所有的供需比 R_j 加和得到 i 点的可达性 A_i^F。S_j 表示 j 处的供给规模；P_k 表示 k 点的需求规模；d_0 表示搜索阈值；d_{ij}、d_{kj} 分别表示 i 点与 j 点、k 点与 j 点之间获取公共服务的成本，通常为距离或时间。

在此方法中，基于不同的道路类型，第一步是以公共服务设施位置为中心建立搜索域，因此搜索域内各居民小区到公共服务设施的距离都不会超过出行的极限距离；第二步中的搜索域是以居民小区位置为中心搜索域内所有公共服务设施。

二、空间探索性分析

空间自相关（spatial autocorrelation）是指一些变量在同一个分布区内的观测数据之间潜在的相互依赖性。托布勒（Tobler, 1970）提出了“地理学第一定律”：任何东西与别的东西之间都是相关的，但近处的东西比远处的东西相关性更强。传统的最小二乘回归法等由于没有考虑社会现象中普遍存在的空间自相关性，忽略了空间聚集和空间异常性，导致分析结果的失准。空间自相关回归方法针对空间数据在变量和误差项中的空间自相关性，采用不同的先验模型矩阵，建立空间滞后模型和空间误差模型。

莫兰指数（Moran's I）指数是进行全局聚类检验和度量空间自相关性的重要指标，用以体现空间要素的整体分布特征，其值介于-1 到 1 之间，0 值表示完全随机的空间分布状况。当 Moran's I 为正值时，表示相邻值之间呈现为正向聚集状态，当 Moran's I 为负值时，则反之（聂春祺，2017）。计算公式如（4－3）所示：

$$I=\frac{n\sum_{i=1}^{n}\sum_{j=1}^{n}W_{ij}(x_i-\overline{X})(x_j-\overline{X})}{\sum_{i=1}^{n}\sum_{j=1}^{n}W_{ij}\sum_{i=1}^{n}(x_i-\overline{X})^2} \tag{4-3}$$

在公式（4－3）中，n 为区域中居住单元个数；x_i 和 x_j 分别为 i、j 两个居住单元的公共服务设施可达性；X 为各居住单元公共服务设施可达性的平均得分；W_{ij} 为空间权重矩阵 $\mathbf{W}$ 的相应元素。

局部 Moran's I 可定量分析空间对象某一属性的"热点区"与"冷点区"，以探测各局部区域的空间模式（姜鑫洋，2019）。局部 Moran's I 方法是将全局 Moran's I 分解到局域空间上，计算公式如（4－4）所示：

$$I_i=\frac{(x_i-x)\sum_{j=1,\ j\neq i}^{n}W_{ij}(x_j-x)}{S^2} \tag{4-4}$$

公式（4－4）中的相关变量的意义与公式（4－3）相同，S^2 为观测值的方差变量，I_i 的绝对值越大，说明空间单元 i 与邻近单元空间的相关程度越高。其中，高—高聚集区（H－H）中的 I_i 为正值，表明该单元与其周边单元的公共服务设施可达性都较高；低—低聚集区（L－L）则反之。

三、基尼系数

在社会统计学上，测量不均等的技术和方法很多，其中比较常用的是差异系数法和基尼系数法。在经济学领域，基尼系数（Gini Coefficient）广泛用于衡量居民收入分配的差异程度。它是由意大利经济学家基尼提出的（Dorfman，1979），取值在 0 到 1 之间。数值越小，说明收入分配越公平；数值越大，说明居民之间的收入差距较大。一般情况下，当基尼系数为 0.6 以上时，可以认为人们相互之间的收入差距比较大。

本研究运用基尼系数来反映居民公共服务可达性的空间总体不公平性。世界卫生组织（World Health Organization，WHO）和瑞典国际发展合作署（Swedish International Development Cooperation Agency，SIDA）认为：卫生服务的公平性是指社会成员应该以需求为导向获得卫生服务，而不是取决于社会地位、收入水平等因素（孙红，2006），政府应尽可能地采用多种行政或市场的手段来降低公共服务的基尼系数。该系数是一种能衡量不平等程度的指标，越来越多的研究也证明了基尼系数在衡量公共服务资源分布不平等方面的可行性（赵颖波等，2018；张晓燕、梁倩君，2010），其计算公式如（4－5）所示：

$$G = \sum_{i=1}^{n} P_i Y_i + 2\sum_{i=1}^{n-1} P_i(1 - V_i) - 1 \tag{4-5}$$

在公式（4－5）中，G 为医疗服务资源的基尼系数；P_i 为各区的面积占总面积的比重；Y_i 为各区平均可达性时间所占的比重；$V_i = Y_1 + Y_2 + \cdots + Y_i$。

将基尼系数用于卫生资源配置研究，分析卫生资源差异状况时，国内外研究一般认为：0.3 以下为最佳平均水平；0.3~0.4 为正常状态；0.4~0.5 代表差距较大；0.5 以上代表差距很大；0.6 以上则为高度不公平的危险状态。通常把 0.4 作为公平的“警戒线”，基尼系数越高，说明该单元医疗服务资源的不公平越严重；基尼系数越低，说明该单元医疗服务资源公平性越高。

四、核密度估计法

核密度分析是用来探究地理事件在研究区域内的集聚和分散状况的传统方法之一。其基本思想在于地理事件在空间点密度大的区域发生的概率大，在空间点密度低的区域发生的概率低（禹文豪、艾廷华，2015；邹琳等，2015）。核密度分析用于计算点、线要素测量值在指定邻域内的单位密度，可用于计算人口密度、建筑密度、获取犯罪情况报告、旅游区人口密度监测、连锁店经营情况分析等。简单来说，它能直观地反映出离散测量值在连续区域内的分布情况。

本研究结合上海基本公共服务的各类 POI 数据，采用核密度估计法，对其空间集聚特征进行分析，评价公共服务的均等化程度。公式如（4-6）所示：

$$\lambda_h(s) = \frac{1}{nh^d}\sum_{i=1}^{n} K\left(\frac{s - s_i}{h}\right) \quad (4-6)$$

在公式（4-6）中，K 为核密度方程，h 为阈值，n 为阈值范围内点的数量，d 为数据维度。

对于点对象，其核密度曲面与下方的平面所围成的空间的体积近似于此点的测量值。结果栅格值的单位为原数据集单位的平方的倒数，即若原数据集单位为米，则结果栅格值的单位为每平方米。其结果是中间值大、周边值小的光滑曲面，栅格值即为单位密度，在邻域边界处降为0。例如：

（1）某街区分布了多栋高层公寓及住宅，已知每栋的入住人数，想要了解街区内各处的人口分布情况，即可使用此功能，相当于将每栋楼的人口数量以核函数的变化趋势分布到指定的圆形邻域内，重叠区域进行加和，最后得到街区内各处的人口密度。而人口密度结果可用于店铺选址决策、犯罪率估算等。

（2）某地区有多家店面的连锁零售店，假定顾客会根据路程的远近来选择光顾哪家店面，假定任何一个顾客总是会选择最近的那家店面。根据顾客到店面的距离字段，得出各个店面顾客分布情况的栅格面。

（3）某地区准备修建道路（或者公用设施管线），可根据道路（或管线）对野生动物栖息地的影响字段，计算道路（或管线）对野生动物栖息地造成的影响。

以教育服务设施核密度分析为例，获取教育服务设施的点位置数据［见图4-1（a）］，基于统计资料获取的学生数、教育经费投入、师生比、生均经费、计算机设施数量等指标，结合大众点评网中对各类学校的评价分数给予不同的权重，可在GIS平台开展核密度、聚类分析、热点分析等运算。根据上面设定的权重，通过GIS核密度分析，将点数据生成连续的面数据，识别基础教育资源点集中的区域，计算上海市基础教育资源的聚集状况和密度。点密度方法通过在GIS平台上设定每个点的搜索半径范围，统计落入每个区域的点的数目，而核密度分析可使用population字段

（例如，值 3 会导致点被算作 3 个点），根据要素的重要程度赋予某些要素比其他要素更大的权重（例如，本研究中用学校的评价得分代表学校的优异程度），允许使用一个点表示多个观察对象。使用聚类、热点和异常值分析（Local Moran's I）工具可实时识别基础教育资源的高值密度、低值密度区域和异常分布区域［见图 4－1（b）］。针对区县、乡镇（街道）以及不同的网格尺度［见图 4－1（c）］进行尺度效应下的推演研究，可总结基础教育资源的时空动态分布规律。

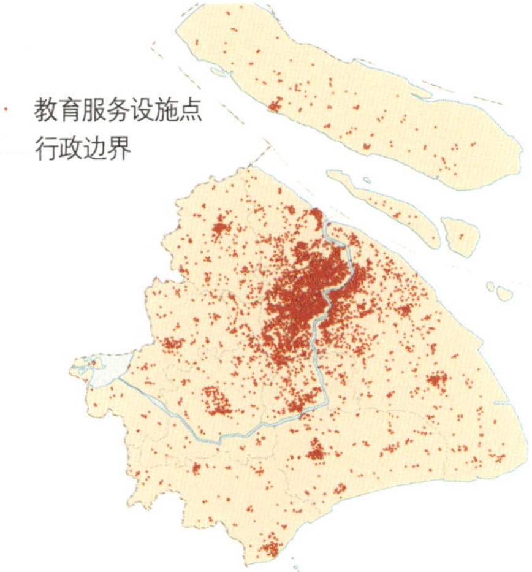

(a)

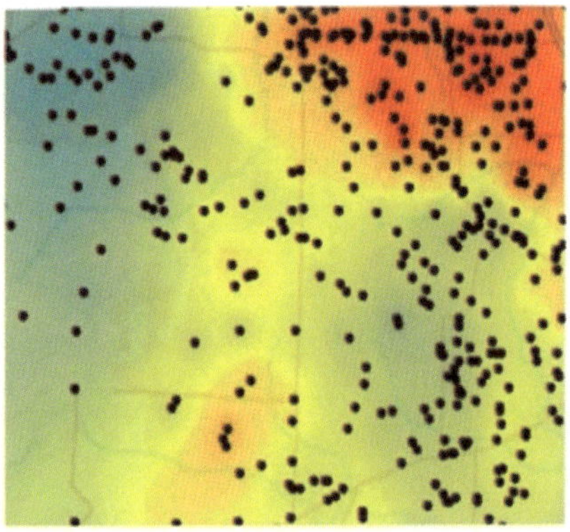

(c)

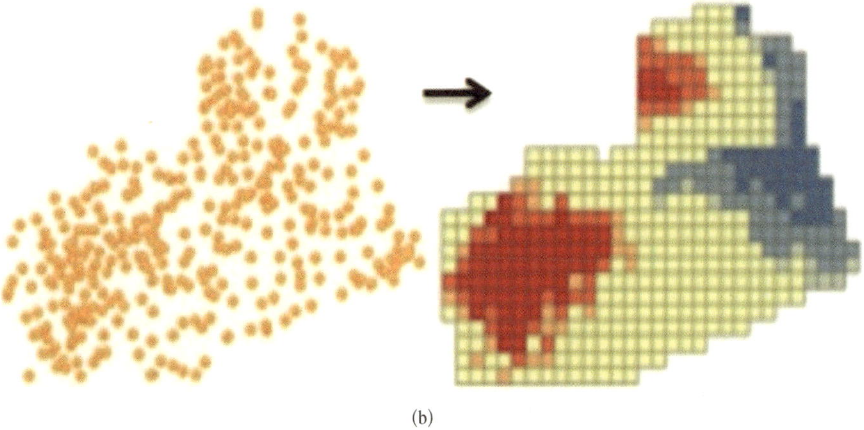

(b)

（a）上海市基础教育设施分布图；（b）GIS 热点分析示意图（红色表明热点，蓝色为冷点）；（c）某种网格尺度的推演。

图 4－1　上海市基础教育资源聚集状况和密度的计算过程图

五、泰森多边形法

泰森多边形法最早是由荷兰气候学家 A. H. 泰森（A. H. Thiessen）提出的，是通过测试离散的气象站点来测量降雨量的方法，如今在地理学中可以用离散的点来描述研究区域内地理事件的性质，根据点输入要素创建泰森多边形。泰森多边形是个连续多边形，主要由连接两个邻近点线段的垂直平分线组成。泰森多边形具有独特的属性，即每个多边形只包含一个输入点，并且多边形中的任何位置到其关联点的距离都比到任何其他多边形的点的距离要近。

设平面区域 B 上有一组离散点（$i=1, 2, 3, \cdots, k$；$j=1, 2, 3, \cdots, k$；k 为离散点点数），若将区域 B 用一组直线段分成 k 个互相邻接的多边形，使得：

（1）每个多边形内含有且仅含有一个离散点；

（2）若区域 B 上任意一点(x^1, y^1)位于含离散点(x_i, y_j)的多边形内，不等式

$$\sqrt{(x^1-x_i)^2+(y^1-y_j)^2} < \sqrt{(x^1-x_j)^2+(y^1-y_i)^2} \quad (4-7)$$

在 $i \neq j$ 时恒成立；

（3）若点(x^1, y^1)位于含离散点(x_i, y_j)的两个多边形的公共边上，则等式

$$\sqrt{(x^1-x_i)^2+(y^1-y_j)^2} = \sqrt{(x^1-x_j)^2+(y^1-y_i)^2} \quad (4-8)$$

成立。

由此得到的多边形叫泰森多边形。用直线连接每两个相邻多边形内的离散点形成的三角形叫泰森三角形（宋洁华等，2013）。

本书后文将根据核密度分析结构，求出每个区域的核密度平均值，找出核密度的中心点，以该点为控制点建立泰森多边形。

六、基础服务设施人口配套性指数

公共服务设施的配置还需要与人口密度相适应，基于 15 分钟生活圈基础设施人口配套指数可以反映公共服务设施服务人口的均等化程度，计

算公式如（4－9）所示：

$$I_{i,\ k} = \frac{N_k/N}{P_i/P} \tag{4-9}$$

在公式（4－9）中，$I_{i,\ k}$ 代表指定 i 区域中第 k 类 POI 的人口配套指数；N_k 代表第 k 类 POI 数据的个数；N 代表 POI 数据的总数；P_i 代表 i 区域的人口数量；P 代表总人口数。若 $I_{i,\ k} > 1$，则代表第 k 类 POI 在 i 区域对于人口有较好的配套性；反之则无。在此基础上，结合权重数值表，可以计算 i 区域全类 POI 对人口的配套指数，计算公式如下：

$$I_i = \sum_{k=1}^{14} W_k I_{i,\ k} \tag{4-10}$$

结合每一类 POI 对居民日常生活影响产生的权值，可以计算某区域全类 POI 对人口的配套指数。通过开展融合精细人口分布数据的基础服务设施服务能力分析，可以更好地为进一步规划城市公共服务设施点的分布提供数据支持和科学建议。

七、贝叶斯最大熵方法

贝叶斯最大熵方法（BME）是现代地统计学中的卓越方法。相对于传统的预测方法，其有坚实的认识论框架和方法学基础。它可以不用遵循线性估计、正态分布假设等条件，融入专家先验知识和多种辅助软数据，有效地综合利用各种不同来源和精度的数据，提高数据的拟合和预测精度。在地统计学领域取得了比经典方法更精确的预测结果（Christakos，1990；杨勇、张若兮，2014）。经过多年的发展，该方法在国外已经成功用于土壤属性（Brus，Bogaet，and Heuvelink，2008；Modis and Vatalis，2013）、环境污染（Reyes and Serre，2014）、土地利用（Dendoncker，Rounsevell，and Bogaert，2007）和城市气候（Lee，Balling，and Gober，2008）等数据的空间估算，但在国内极少见介绍和应用，也未见应用于人口分布等社会研究中。国内杨勇等（2013；2014）采用贝叶斯最大熵方法进行土壤属性空间预测的研究，李爱华和柏延臣（2012）对空间降水空间数据进行预测研究，这些研究表明：在较常规的地统计方法中，BME 方法可大幅度地提高变量的预测精度，尤其是在采样点较少和属性信息缺乏的情况下。随着针对大数据的 BME 计算方法（如开源软件 R 包 spBayes、Star－BME 等）的出现，采用 BME 方法对时空大数据空间分布预测进行研究已成为可能。同时，越来越多的人工智能、机器学习、数据挖掘等大数据融合和处理方法不断被提出（Kitchin，2014），BME 方法将不断体现出其在空间数据统计和处理方面的先进性。

八、相关性分析

相关性分析主要是用来计算两个线性变量要素之间的相关性关系，一个变量变化的同时伴随着另一个变量要素的变化，通过计算相关系数深入研究它们之间的关系。本研究借助 SPSS 软件计算各个指标间的 Pearson 相关系数，筛选出具有显著相关性的影响变量，具体公式如(4－11)所示：

$$R=\frac{\sum_{i=1}^{n}(x_i-\bar{x})(y_i-\bar{y})}{\sqrt{\sum_{i=1}^{n}(x_i-\bar{x})^2\sum_{i=1}^{n}(y_i-\bar{y})^2}} \tag{4-11}$$

在公式（4－11）中，R 为 Pearson 相关系数；$\bar{x}$、$\bar{y}$ 表示自变量 x（人口、GDP、固定资产投资额、财政支出）和因变量 y（平均可达性时间）的均值；x_i、y_i 表示 x、y 的第 i 个观测值；n 表示样本容量，其中相关系数的绝对值等于 0 为没有相关性，0~0.3 表示极弱相关（可视为没有相关性），0.3~0.5 为弱相关，0.5~0.8 为中等相关，0.8~1.0 为强相关。

九、系统动力学

系统动力学（System Dynamics）是美国麻省理工学院的杰・W. 福里斯特（Jay W. Forrester）于 20 世纪 50 年代创立的一门分析研究信息反馈、系统结构，功能与行为空间之间动态、辩证关系的科学（闫学文、刘澄，2012）。其以系统论、信息论、控制论和计算机技术为基础，依据系统的状态、控制和信息反馈等环节来反映实际系统的动态机制，并通过建立仿真模型，借助计算机进行仿真试验的一种科学方法。基本公共服务是个开放的复杂巨系统，其运行涉及社会、经济、人口、文化、环境等诸多因素，各因素之间相互关联、相互影响，因果关系复杂，彼此构成反馈机制（廖文剑等，2011；何云飞，2010）。系统动力学方法建模较传统数学模型（线性规划、计量经济学、投入产出模型）更能充分反映系统的非线性结构和动态变化趋势，由于模型着眼于系统整体最佳目标，而不是单纯追求子系统的最佳目标，有助于实现人口、资源、环境与社会经济各子系统之间的协调（张彦琦，2008；谢长勇，2007）。

第二节　基于统计数据的城市公共服务设施基本情况

本研究基于近10年来的统计普查数据，得出了近10年来上海各类公共服务设施分布特征的变化情况。如表4－1所示，在教育服务方面，普通高等学校数总体变化不大，在校的学生人数也没有明显的变化，平均每个教师负担的学生数减少幅度不大；普通中等学校数总体呈现下降趋势，2009—2013年下降幅度明显，普通中等学校下降数达到50所，2014—2018年普通中等学校数呈现明显的上升趋势，在校学生人数呈现逐年下降的趋势，平均每个教师负担的学生数在不断减少；普通小学的数量总体是上升的，在校学生人数逐年增加，但是平均每个教师负担的学生数呈现减少的趋势。总体来看，学校数在增加，在校学生数也在增加，平均每个老师负担的学生人数在减少，说明教育资源有较好的发展趋势，老师的负担不断减轻。

表4－1　上海市教育服务设施基本情况表

年　份		2009	2010	2011	2012	2013	2014	2015	2016	2017	2018
学校数/所	普通高等学校	66	66	66	67	68	68	67	64	64	64
	普通中等学校	916	869	869	871	865	870	888	898	912	925
	普通小学	672	766	764	761	759	757	764	753	741	721

续 表

年份		2009	2010	2011	2012	2013	2014	2015	2016	2017	2018
在校学生人数/万人	普通高等学校	51.28	51.57	51.13	50.66	50.48	50.66	51.16	51.47	51.49	51.78
	普通中等学校	77.07	75.2	73.96	73.45	72.63	69.67	67.39	66.67	66.15	67.97
	普通小学	67.12	70.16	73.11	76.04	79.25	80.30	79.87	78.97	78.45	80.02
平均每个教师负担学生数/人	普通高等学校	13	13	13	13	13	12	12	12	12	12
	普通中等学校	13	13	12	12	12	11	11	10	10	10
	普通小学	15	16	16	16	16	16	15	15	14	14

数据来源：《上海统计年鉴》。

在卫生服务方面，如表 4－2 所示，近 10 年来基层医疗卫生机构数量呈现明显的上升趋势，并且在整个医疗卫生机构中的数量占据绝对优势，但基层医疗机构数量占总体医疗机构数量的比重呈下降趋势；随着上海市政府大力支持医疗设施的发展，上海市的医疗床位数、医疗技术人员及医生数逐年稳定增加；上海市医疗机构诊疗人次和入院人数呈现稳步上升的趋势，上海市居民就诊需求也日益增加且呈现不断上升的趋势，这在一定程度上就要求上海市卫生医疗资源的供应和居民的需求要相匹配。

表 4－2　上海市医疗服务设施基本情况表

年份		2009	2010	2011	2012	2013	2014	2015	2016	2017	2018
医疗卫生资源数量/所	医院	296	306	308	317	328	332	338	349	363	364
	基层医疗卫生机构	2 643	2 878	2 907	3 004	4 439	4 492	4 480	4 470	4 574	4 729
	专业公共卫生机构	67	99	101	99	116	116	116	112	112	108
医疗机构卫生技术人员和床位数	卫生技术人员/万人	13.09	13.54	13.91	14.61	15.64	16.40	17.02	17.82	18.80	20.65
	每万人口医生数/万人	27	22	22	23	24	25	26	27	28	31
	每万人口医院床位数/张	41	41	37	38	39	41	42	46	48	53

续　表

年　　份		2009	2010	2011	2012	2013	2014	2015	2016	2017	2018
医疗机构诊疗和入院人数	诊疗人次/千万人次	17.36	21.00	20.21	21.40	24.09	25.83	26.52	26.61	27.34	27.64
	入院人数/百万人	2.33	2.86	2.68	2.99	3.15	3.45	3.62	3.95	4.20	4.48
	每百诊次入院人数/人	1.30	1.40	1.33	1.40	1.31	1.34	1.37	1.48	1.54	1.62

数据来源：《上海统计年鉴》。

注：医院不包括社区卫生服务中心、妇幼保健院和专科防治院。

在文化服务方面，如表 4－3 所示，数量减少的文化机构主要有图书馆、群众文化机构、艺术表演馆，数量增加的文化机构主要有文物机构、档案机构、博物馆、电影院/剧院；图书馆的从业人数随着图书馆的减少而减少，群众文化机构和文物机构的从业人数随着机构数的减少而增加，档案机构的从业人数近 10 年来变化幅度较大。

表 4－3　上海市文化服务设施基本情况表

年　　份		2009	2010	2011	2012	2013	2014	2015	2016	2017	2018
机构数/个	图书馆	29	28	25	25	25	25	25	25	24	23
	群众文化机构	242	240	241	240	239	238	237	237	238	239
	文物机构	112	115	125	115	112	114	110	135	135	142
	档案机构	533	707	677	734	743	818	760	725	730	727
	博物馆	111	114	120	109	100	103	124	125	125	131
	电影院/剧院	169	136	146	140	151	172	202	238	302	339
	艺术表演馆	104	97	103	111	127	93	50	47	49	45
从业人数/人	图书馆	2 376	2 180	2 264	2 089	2 210	2 104	2 113	2 091	2 101	2 110
	群众文化机构	4 632	4 702	4 856	4 775	4 972	4 958	4 835	4 975	4 985	4 990
	文物机构	2 379	2 558	2 663	3 293	3 421	3 367	3 315	3 202	3 104	3 209
	档案机构	2 501	3 822	3 765	4 125	3 866	4 315	4 283	4 571	4 520	2 240

数据来源：《上海统计年鉴》。

在基础设施服务方面，如表 4-4 所示，人均居民生活用水量、人均拥有公共交通车辆、家庭天然气用户数、总的用电量呈现上升的趋势；人均拥有道路面积 2009—2010 年呈现急速下降趋势，2010—2012 年呈现快速增长的状况，2013 年之后上升趋势不是很明显；每万人拥有的公共厕所 2012—2017 年数量较多；家庭液化石油气用户数在 2009—2011 年变动幅度不大，在 2013—2015 年用户数比较多，2017 年之后不断减少。

在生态环境服务方面，如表 4-5 所示，上海市的绿地面积、公园数、行道树实有数、新建绿地面积、建成区绿化覆盖率都呈现大幅度上升的趋势；其中，变化幅度最大的是公园数、行道树实有数、新建绿地面积。

在社会保障服务方面，如表 4-6 所示，近 10 年来，社会福利院和儿童福利院数量呈现下降的趋势，老年福利机构近 10 年来不断增加；城乡居民基本医疗保险和城镇居民生活保障最低标准的增长幅度显著。

第三节　基于 POI 数据城市公共服务设施分布特征

一、时空大数据源及获取方式

常规统计和普查数据的时间分辨率低，数据更新缓慢（全国人口普查每 10 年一次）。同时，普查统计数据费时耗力，数据的生产成本较高且公开程度低，已经越来越不能满足城市科学和社会科学研究的需要。在目前的社会科学和城市科学研究中，研究者可以广泛运用各种类型的网络大数据。针对研究目标，考察大型互联网站点，包括百度、微博、腾讯、大众点评、房价网、51 job 等（见表 4-7）中可开放获取数据、半公开数据（以可视化为目的的数据）以及非公开数据的情况，对不同数据源中可获取数据的时空粒度、可用属性要素进行初步分析，评估网络大数据源的可

表 4－4　上海市生活服务设施基本情况表

年　　份	2009	2010	2011	2012	2013	2014	2015	2016	2017	2018
人均居民生活用水量/升	139	117	113	115	116	113	112	118	119	120
人均拥有道路面积/平方米	17.54	11.12	18.44	18.88	11.30	11.51	11.83	12.09	12.34	12.49
人均拥有公共交通车辆/辆	10.37	12.46	11.79	11.91	12.11	11.97	12.36	12.70	13.94	14.53
每万人拥有公共厕所/个	4.02	4.27	4.06	4.44	4.34	4.31	4.32	4.31	4.31	3.56
家庭液化石油气用户数/万户	310.16	316.37	310.62	328.22	330.46	334.68	335.50	332.80	281.47	253.48
家庭天然气用户数/万户	366.78	405.89	455.92	502.81	558.19	614.00	651.32	675.84	700.60	735.60
总的用电量/亿千瓦时	1 153.30	1 295.80	1 339.60	1 353.40	1 410.60	1 369.00	1 405.50	1 486.00	1 526.70	1 566.60

数据来源：《上海统计年鉴》。

表 4－5　上海市生态环境服务设施基本情况表

年　　份	2009	2010	2011	2012	2013	2014	2015	2016	2017	2018
绿地面积/万公顷	11.70	12.00	12.20	12.40	12.40	12.60	12.70	13.10	13.60	13.90
公园数/个	147	148	153	157	158	161	165	217	243	300
行道树实有数/万株	76	81	93	98	99	103	110	113	115	128
新建绿地面积/公顷	1 096	1 223	1 063	1 038	1 050	1 105	1 190	1 221	1 361	1 307
建成区绿化覆盖率/%	38.10	38.20	38.20	38.30	38.40	38.40	38.50	38.80	39.10	39.40

数据来源：《上海统计年鉴》。

表 4－6　上海市社会保障服务设施基本情况表

年　　份	2009	2010	2011	2012	2013	2014	2015	2016	2017	2018
社会福利院/所	26	25	29	30	23	23	22	22	25	24
儿童福利院/所	6	6	6	6	7	3	2	2	2	2
老年福利机构/所	589	600	602	601	609	637	607	626	648	649
城乡居民基本医疗保险/万人	245.70	259.17	249.75	262.50	256.00	257.60	272.80	338.00	344.60	342.70
城镇居民生活保障最低标准/元	425	450	505	570	640	710	790	880	970	1 070

数据来源：《上海统计年鉴》。

获取性、可用性和稳定性，遴选出可用的网络大数据源，主要步骤分为以下三步：

（1）基于长期稳定获取数据的目标，针对不同的网络大数据源构建对应的网络数据抓取方法，包括直接抓取、通用爬虫及自定义爬虫，在云服务器群上实现对多种数据稳定、连续的获取和处理。

（2）针对核心数据源，开展多台服务器异地同步抓取，以最大可能提升数据集获取的稳定性。

（3）统一不同来源数据的空间坐标系统，转换数据结构，对异常数据进行数据清洗，判断和控制数据质量。

表 4-7　城市研究中常用的网络时空大数据源

数据源	要素	时间分辨率	空间分辨率
微博	用户数	日	城市
	发帖数	小时	城市
	签到地点	小时	0.01°
QQ 位置	数量	5 分钟	0.01°
宜出行	数量	1 分钟	约 30 米
腾讯迁徙	数量、交通工具（汽车、火车、飞机）	日	城市
百度迁徙	指数、趋势	日	城市
百度人气	人气指数	10 分钟	0.01°
百度地图	兴趣点数据（POI）	日	城市
51job	工作岗位	日	城市
大众点评	美食消费（平均价格、类别）	约半月	小区
	美食人气（top）	日	城市
链家地产	房价	日	小区

本研究以腾讯公司开放的 QQ 位置大数据为例，对网络大数据的获取来源和处理过程进行简单的介绍。

目前，由于可用于高精度人口分布预测的手机信令数据涉及运营商，不易于获取且成本昂贵，限制了其推广和使用范围。夜间灯光遥感数据等作为单要素反演人口分布也存在空间分辨率低、灯光效应溢出等问题。而腾讯 QQ 等位置大数据可通过网络开放抓取，同时用户覆盖面大、更新速度快、获取方便，可用于预测和分析人口的分布情况，快速、低成本地制备精细的人口时空分布数据。这为客观、精细地了解人口分布的时空格局和态势，促进人口的合理优化布局提供了科学依据和决策支持，进而对于合理地进行城市规划和社会可持续发展有重要价值，对国计民生有重大的现实意义。

例如，利用服务器编程和爬虫软件，采用工作站自动挖掘并积累的海量 QQ 位置大数据（全球范围，5 分钟获取一次，空间分辨率 1 千米，每个点都包含登录人数属性，见图 4－2、图 4－3），根据需要可合成每天、每月、每年的数据，然后转换为 ArcGIS 平台通用的 shp 格式，借助贝叶斯最大熵方法并辅以统计数据，可实时反演和构建高精度的人口分布和流动数据库；通过积累数据，并将之存放于科学数据共享服务器上，提供有权限的存储和下载功能。

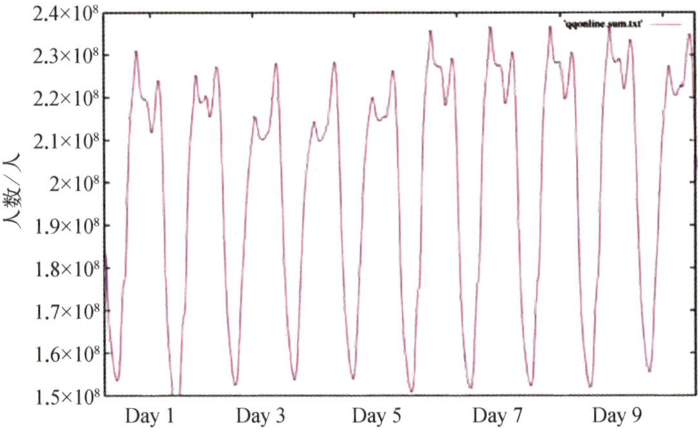

图 4－2　QQ 客户端在一个 10 天周期内的登录人数

此外，还可根据研究目的和实际需求，通过选用合适的开发工具（如 Python 等），构建基于 ArcGIS 等软件平台的地理空间信息数据库，开展不

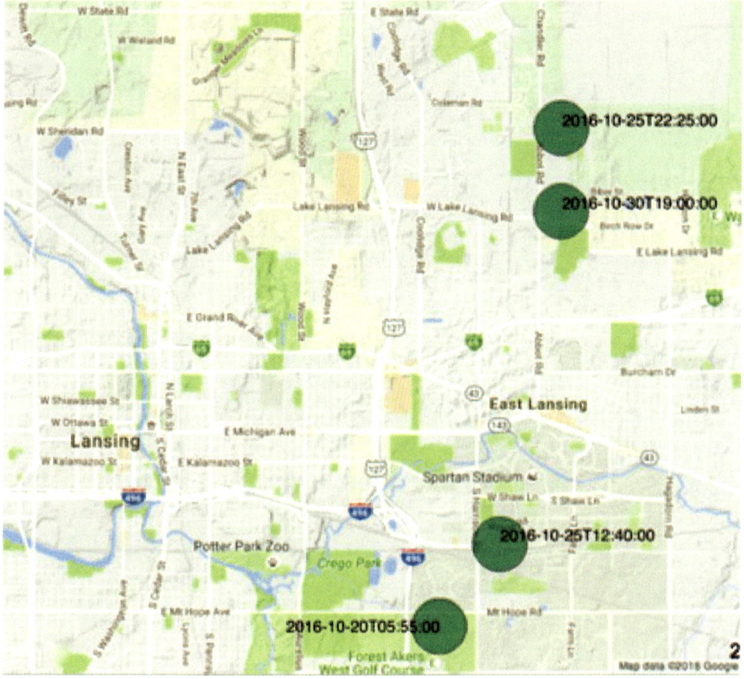

图 4-3　在某地区的聚集点

同数据源的处理。比如，获取微博、微信等社交平台信息对居民空间行为之间的关系进行研究，及时发现城乡的需求和发展状况等。使用网络爬虫技术获取城市地价、二手房价格、房租、商业设施、公交线路、网络微博数据等信息。针对此类数据的地理位置问题，通过小区数据编码解析网页获取空间的分布数值数据，并调用百度地图等的接口进行定位并转换到统一的坐标系统，使其成为通用的地理时空数据。引入贝叶斯最大熵方法结合城市大数据的挖掘技术，融合处理多源数据信息，生成经济发展、人口分布、土地利用政策等空间变量参数数据。

上海市 16 个区的各个居民小区分布的点数据主要来源于中国科学院资源环境科学数据中心（www. resdc. cn），共 31 323 个，具体分布如图 4-4 所示，其中最多的是浦东新区（6 330 个），最少的是崇明区（224 个）。本研究主要借助居民小区点计算各个基本公共服务设施到居民小区的最短距离。

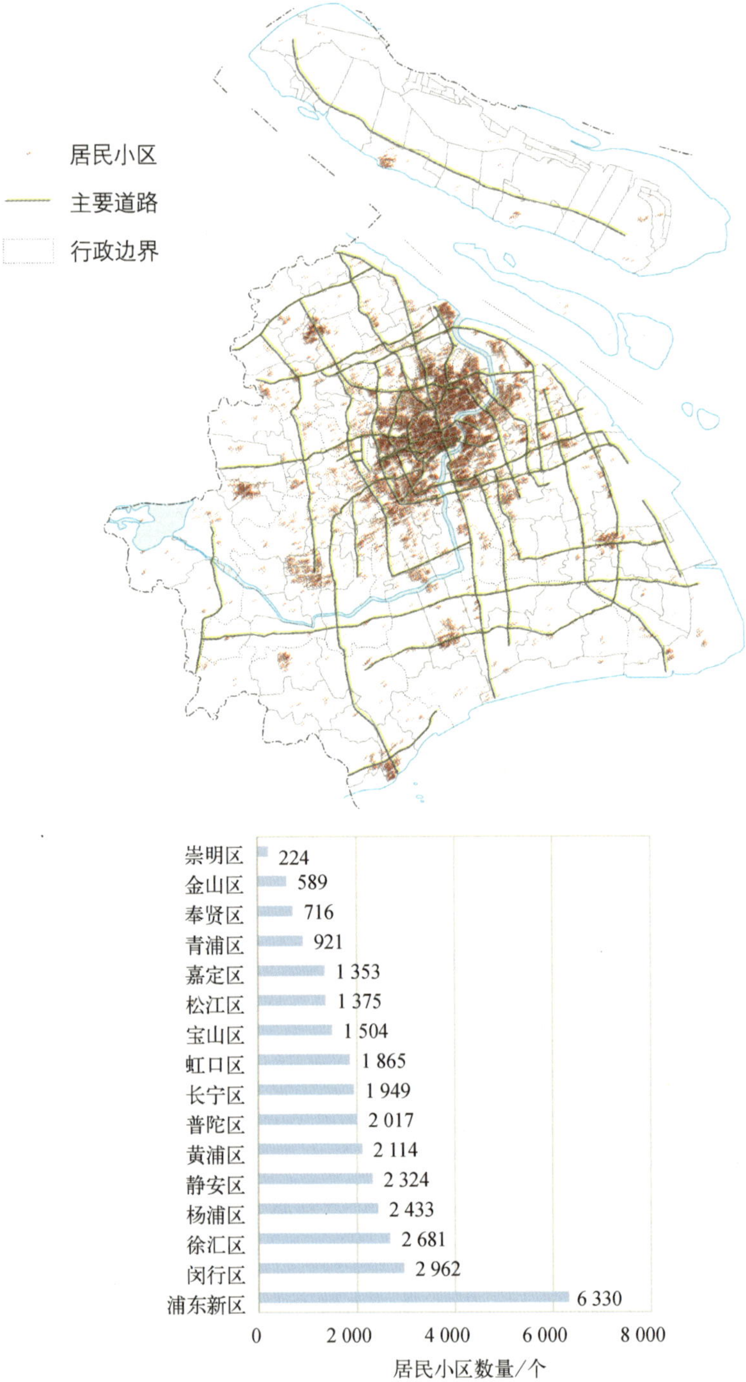

图 4－4　上海市居民点分布图

交通数据主要来源于 2016 年上海交通局公路数据和上海城市规划中现状路网，包括了地铁、高速公路、国道、省道、县道以及乡道，如图 4－5 所示，本研究主要根据不同的交通道路的通行速度，计算各类服务设施点到居民小区点的最少通行时间。

图 4－5　上海市交通道路分布图

针对不同类型的道路，参考《公路工程技术标准》和同类学者的研究，本研究将高速公路、都市高速公路、国道、省道、地铁、县道和乡道的通行速度分别设置为 80 km/h、60 km/h、60 km/h、50 km/h、35 km/h、30 km/h 和 20 km/h，如表 4－8 所示。

表 4-8 各类道路通行速度

道路	高速公路	都市高速公路	国道	省道	地铁	县道	乡道
速度/（km/h）	80	60	60	50	35	30	20

二、公共服务 POI 数据处理及分类

城市公共服务设施是指为市民提供公共服务产品的各种设施，按照具体的实施特点可分为若干种类，大多呈点状分布。兴趣点（POI）主要指与人类生产生活息息相关的具有空间标识和属性信息的地理实体，比如学校、医院、图书馆、加油站、车站等。在百度地图或者高德地图等平台中，每个 POI 数据均涵盖四方面内容，包括所属类别、名称、所在经度与纬度。POI 能够记录地理实体的名称、坐标等信息，具有获取性强、准确性高、实时、动态、现实意义强等特点（许泽宁、高晓路，2016；赵向阳、杜洪涛、赵鹏，2013）。在数据的获取方面，POI 数据属于城市空间地理信息大数据，其获取和处理的方法与模型相对成熟，可通过直接或间接手段获取，一般还需要对获得的一手数据进行清洗、整理与利用（见图 4-6）。

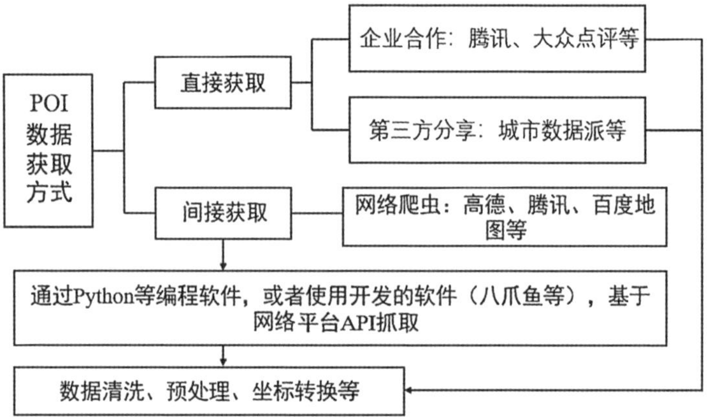

图 4-6 POI 数据获取的关键技术方法及步骤

本研究主要通过不同的渠道来源收集各类基本公共服务设施的具体地址名称、空间坐标（横纵坐标）、规模大小以及级别等，通过 Geocoding API 软件生成空间坐标数据，再依据参数转换为标准的经纬度坐标体系。

目前，通过百度地图、大众点评网等网络 API 接口，可挖掘和处理教育、医疗和文化设施数据，且具备位置、用户评价等信息。设施点 POI 数据主要通过数据挖掘实现，以教育设施点数据为例，具体方法如下：首先，通过网络爬虫技术，从百度地图、大众点评网等 API 接口获取上海市基础教育资源的实时分布图；其次，经过数据清洗、点坐标信息的配准，并与官方公布的学校目录进行自动比对，剔除和更正错误信息，将基础教育资源分为幼儿园、小学、中学几类；最后，利用 xGeocoding 软件和坐标转换插件将获取的 POI 设施数据批量转换为经纬度导入 ArcGIS 中，构建上海市基础教育资源分布动态数据库。例如，针对医疗服务设施数据，可通过百度地图、大众点评网等网络 API 接口获取上海市医疗资源的实时分布图。经过数据清洗、点坐标信息配准，挖掘到的医疗设施点数据分为医院（如综合医院、中医医院、专科医院等）和其他医疗设施（如社区诊所、体检机构等）两类。基于统计资料获取的医师数、护士数、床位数、财政投入等指标，给予基层医疗卫生机构等不同的权重。根据上面设定的权重，通过 GIS 核密度分析，可以将点数据生成连续的面数据，构建社区医疗卫生资源时空分布数据库。各类基本公共服务设施的基本分布和统计如图 4－7 所示。

在我国现阶段，基本公共服务首先应该满足民生和发展两大方面，这两方面应该包含教育服务、医疗服务、文化服务、生态环境服务、生活服务和社会保障服务等。本研究在众多学者研究的基础上，依据基本公共服务的丰富内涵，同时考虑指标体系构建的系统性、科学性和完整性，交叉数据的选取，上海市 POI 数据和统计资料的可获得性，以及评价体系目的性、可操作性、可推广性等原则，构建了如表 4－9 所示的上海市基本公共服务指标体系。

三、各类基本公共服务设施的区域差异

结合互联网统计的数据，对各类基本公共服务进行分类整理，按照科学性、属性的相同、数据的可整理性等原则，整理发现上海市六大类服务设施数量的区域差异显著，占比最高的是浦东新区，总占比为 19.38%；

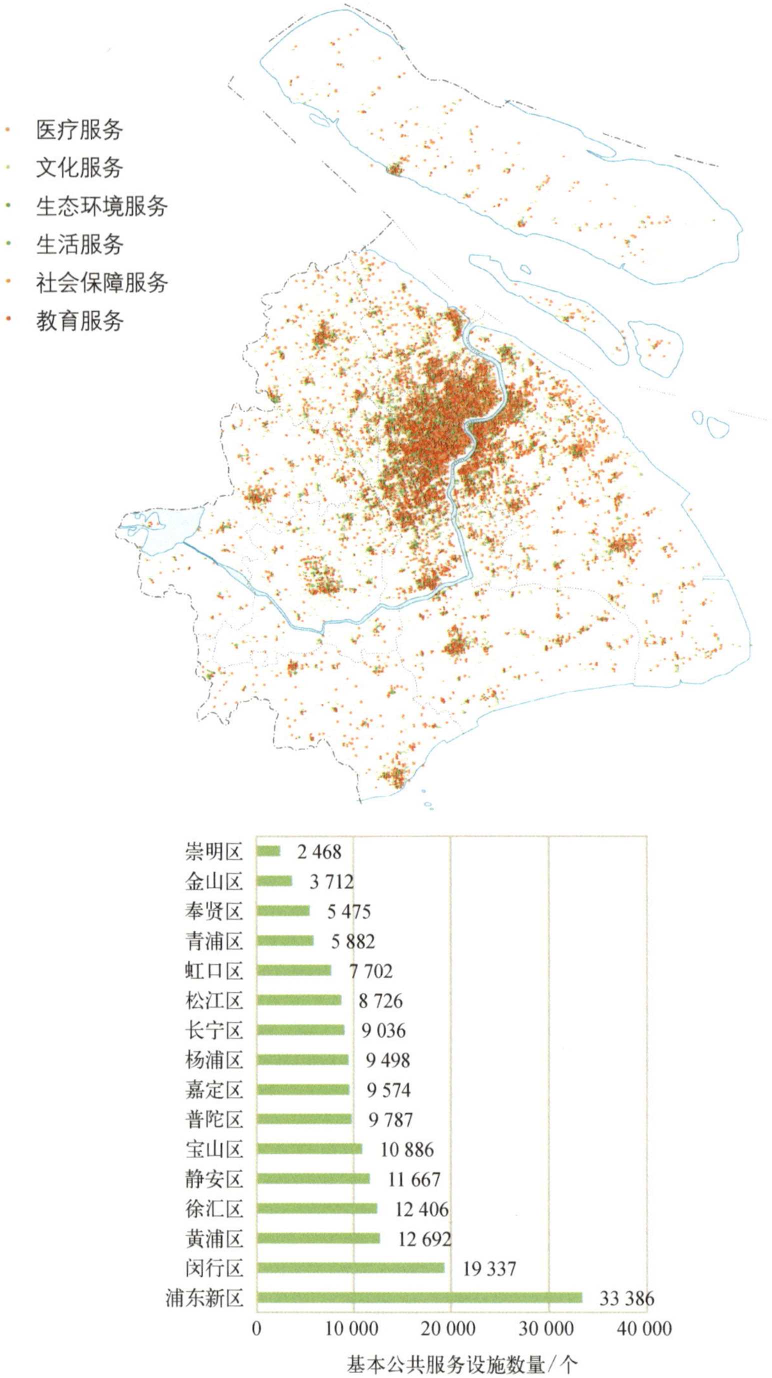

图 4－7 上海市各类基本公共服务设施分布图

表 4－9　上海市基本公共服务指标分类体系

一级指标	二级指标	三级指标	数量/个	比例/%
上海市基本公共服务指标体系	教育服务	学校、辅导机构等	12 375	7.21
	医疗服务	三级医院、二级医院、社区医院等	1 468	0.85
	文化服务	博物馆、社区文化中心、图书馆等	302	0.18
	生活服务	汽车站、收费站、停车场、旅馆、加油站、火车站、餐厅、商场、地铁、旅游景点、服务区、政府服务党委等	157 190	91.55
	生态环境服务	绿地、公园等	97	0.06
	社会保障服务	社工机构、儿童福利院、养老院等	268	0.16

其次是闵行区，占比为 11.23%；其中占比最低的是崇明区，仅 1.43%，其次是金山区。同时，中心城区、近郊区域和远郊区域之间的差异也很明显，中心城区和近郊区的总占比分别为 42.25% 和 42.49%，占比差异不大，而远郊区占比最小，仅占 15.26%（见表 4－10）。

表 4－10　上海市各类基本公共服务设施数量统计

行政区		各类基本公共服务设施数量/个						
		教育	医疗	文化	生活	生态	社保	总占比/%
中心城区	徐汇区	1 238	66	25	11 060	5	12	7.20
	黄浦区	643	35	33	11 973	4	4	7.37
	长宁区	651	32	7	8 339	3	4	5.25
	普陀区	620	41	16	9 093	4	13	5.68
	杨浦区	933	88	31	8 401	4	41	5.51
	虹口区	551	43	13	7 078	4	13	4.47
	静安区	749	48	18	10 836	2	14	6.77

续 表

行政区		各类基本公共服务设施数量/个						
		教育	医疗	文化	生活	生态	社保	总占比/%
近郊区	宝山区	768	161	17	9 916	3	21	6.32
	嘉定区	537	130	19	8 870	6	12	5.56
	闵行区	1 229	173	7	17 893	9	26	11.23
	浦东新区	2 661	320	74	30 243	29	59	19.38
远郊区	青浦区	431	46	6	5 392	2	5	3.42
	松江区	577	67	13	8 047	7	15	5.07
	金山区	319	85	5	3 289	5	9	2.16
	奉贤区	495	48	7	4 914	4	7	3.18
	崇明区	333	84	11	2 021	6	13	1.43

上海各行政区间的各类基本公共服务设施的区域差异明显，将各类基本公共服务设施的数量进行对比发现：

在教育服务设施方面，数量占比最低的是崇明区，仅占2.61%，与占比最高的浦东新区相差18.29%。中心城区与近郊区的差异不大，远郊区的教育服务设施相对缺乏。中心城区的总占比达到42.29%，近郊区的总占比达到40.79%，而远郊区的总占比则为16.92%。教育服务设施分布状况：中心城区>近郊区>远郊区。

在医疗服务设施方面，数量占比最低的是长宁区，仅占2.18%，与占比最高的浦东新区相差19.63%。数量最多的区域是近郊区，中心城区与远郊区的数量相接近。中心城区的总占比为24.06%，近郊区的总占比达到53.44%，远郊区的总占比为22.49%。医疗服务设施分布状况：近郊区>中心城区>远郊区。

在文化服务设施方面，数量占比最低的是金山区，仅占1.66%，与占比最高的浦东新区相差22.84%。中心城区与远郊区的区域差异较大，与近郊区的差异不显著。中心城区的总占比达到47.35%，近郊区的总占比达到38.74%，远郊区的总占比为13.91%。文化服务设施分布状况：中心城区>近郊区>远郊区。

在生活服务设施方面，数量占比最低的区域是崇明区，仅占 1.28%，与占比最高的浦东新区相差 17.94%。中心城区与远郊区的区域差异不大，远郊区的生活服务设施相对缺乏。中心城区的总占比达到 42.44%，近郊区的总占比达到 42.53%，远郊区的总占比为 15.04%。生活服务设施分布状况：近郊区>中心城区>远郊区。

在生态环境服务设施方面，数量占比最低的区域是青浦区，仅占 2.06%，与占比最高的浦东新区相差 27.84%。近郊区占比最高，中心城区与远郊区的占比相接近。中心城区的总占比为 26.80%，近郊区的总占比为 48.45%，远郊区的总占比为 24.74%。生态环境服务设施分布状况：近郊区>中心城区>远郊区。

在社会保障服务方面，数量占比最低的是青浦区，仅占 1.87%，与占比最高的浦东新区相差 20.14%。占比最高的是近郊区，最低的是远郊区域，近郊区与中心城区的差异不显著。中心城区的总占比达到 37.69%，近郊区的总占比达到 44.03%，远郊区的总占比为 18.28%。社会保障服务设施分布状况：近郊区>中心城区>远郊区。

结合上述分析，我们可将各区的公共服务设施分布状况总结如下：

（1）浦东新区的六类公共服务设施数量占比最高，接近 20%，其次是闵行区，崇明区的占比最低。其中，中心城区各类公共服务的数量占比与近郊区的差异不显著，远郊区各类基本公共服务的数量最少。

（2）在教育服务设施和文化服务设施方面，中心城区的数量最多，其次是近郊区，远郊区的数量最少。在医疗卫生服务设施、生活服务设施、生态环境服务设施、社会保障服务设施方面，近郊区的数量最多，其次是中心城区，远郊区的数量最少。

第四节　基于大数据的城市人口精细化分布特征

不同来源获取到的网络大数据尺度不统一，且以点数据为主，需要进行数据的空间化、栅格化以实现点数据到面数据的转换。我们以高时空分辨率人口分布数据集为例介绍多源多尺度遥感产品和网络大数据的融合：以贝叶斯最大熵（BME）方法（Christakos，1990）为理论基础，以QQ位置大数据为数据基础，利用硬数据（人口普查和小规模样本调查数据）和辅助性的“软数据”（如灯光遥感影像数据），构建高时空分辨率人口时空数据集。QQ位置大数据与人口分布密切相关，体现了人口的分布规律，构成人口分布数据的预测集。在BME模型专用数据中，硬数据为确定性的值，软数据具有一定的模糊性质，是间接信息的表达。人口普查数据或者抽样调查数据是确定性的观测值，可作为硬数据；夜间灯光遥感数据被广泛用于人口分布、经济活动强度的反演，可作为辅助的软数据。软、硬数据的时空融合可提高数据分析和预测精度。贝叶斯最大熵方法融合了统计学中的贝叶斯方法及信息论中“熵”的概念来处理时空变量问题。由于该方法不需要做线性估值、空间匀质和正态分布的假设，可融入并提取硬数据（部分实测采样数据）和软数据（其他相关性的模糊信息和变量）中蕴含的有用信息，提高数据分析和预测的精度。经过国外研究者多年的开发和实践，贝叶斯最大熵方法已经被证明是较为成熟的能够使用到实际研究中的地统计方法。数据模型运行基于开源地理信息软件QGIS的STAR-BME工具和MATLAB编程软件来实现。

如图4-8所示，该部分首先采用探索性分析方法，对预测集数据（QQ位置大数据）进行空间变异结构分析，得到其空间随机场的部分信息，在贝叶斯最大熵法则下以其熵最大时的分布求得QQ位置数据变量的先验概率分布，构建其概率密度函数。针对预测集数据自身，采用正态转换处理数据以适用于贝叶斯最大熵方法。同时，对软数据和预测集数据进行回归分析，得出它们之间的相关性关系。最后，基于待预测变量（人口分布数据）的硬数据和软数据信息，采用贝叶斯条件化规则将先验概率更新为后验概率，生成空间网格化的人口分布空间数据集，并可通过重采样来升、降尺度，生产不同尺度的网格化数据产品。同时，使用小规模的抽样调查数据和部分人口普查数据进行数据验证，并通过不断更新QQ位置大数据来实时更新人口分布的模拟结果。

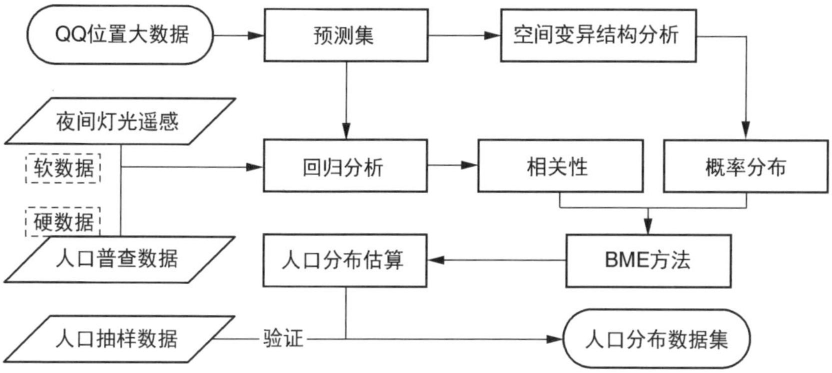

图4－8　基于贝叶斯最大熵方法融合多源数据的人口分布时空数据集

一、基于QQ位置大数据与居住人口数据验证

在县级行政区划单位（$n=2\ 877$）下（见图4－9），使用全国第六次人口普查（以下简称“六普”）的居住人口数据与QQ位置数据（2016年6月4日20时瞬时在线登录人数，下同）进行普通最小二乘法估计回归（Ordinary Least Square，OLS），结果发现回归系数$R^2=0.563$，东、中、西部地区还存在明显的梯度现象，也体现出人口学中“胡焕庸线”的特征，新疆、西藏、青海和内蒙古等省份存在较强的低估现象，山东、河南和四川等人口大省存在较强的高估现象。这说明人口密度低的西部地区，经济发展水平较低，网络普及率低，QQ用户的居民占比较低，使用社交媒体数据进行人口的研究容易得出低估的预测结果。继续对比如图4－9和图4－10所示的全国和长三角地区两个不同尺度的结果发现，在人口密度较高的长三角地区，回归系数R^2较全国要高，说明QQ位置大数据针对人口密度较高、经济发达、社交媒体使用率高的城市地区流动人口有较好的反演能力。

类似地，琼等（Jean et al.，2016）发表在《科学》（*Science*）杂志上的文章得出结论，经济发展强度与人口密度和手机使用率均有较强的相关性，而手机信令数据不仅可反映人口的分布，还能有效识别贫困地区。同样地，社交媒体数据的使用率，不仅与人口分布密切相关，也与社会经济发展程度相关（Li et al.，2019）。进一步地，选取15～64岁年龄样本与QQ位置大数据进行回归，结果发现回归系数R^2高于全年龄样本的回归结

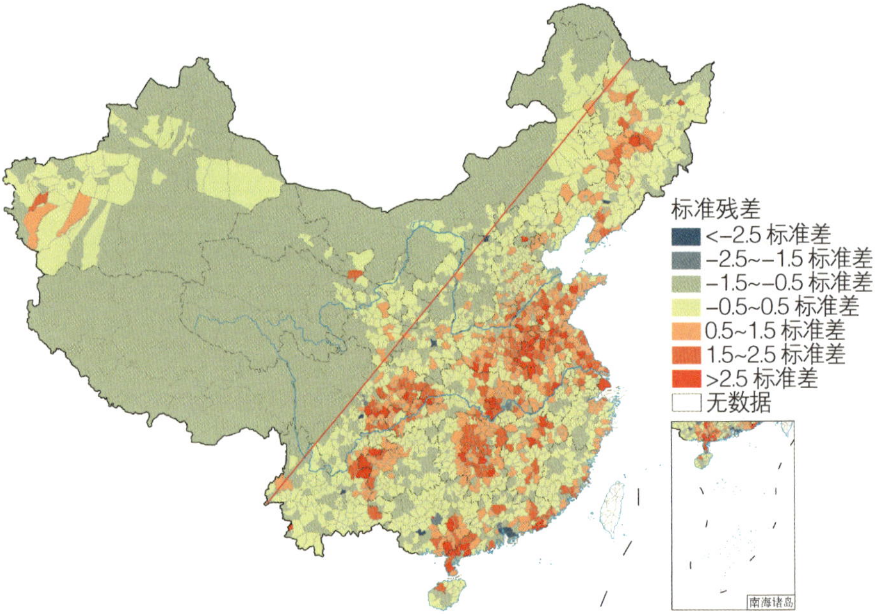

（a）

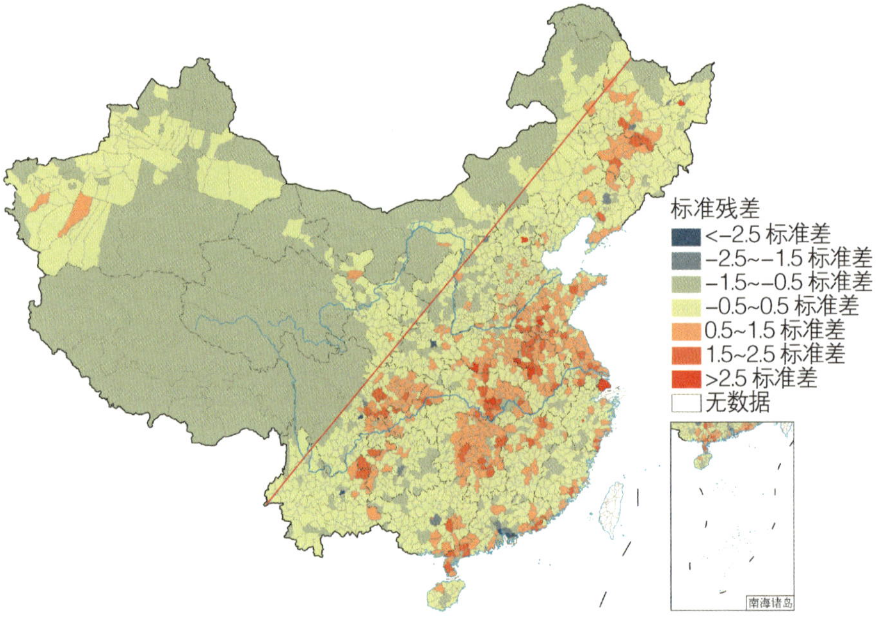

（b）

（a）15~64 岁年龄样本；（b）全年龄样本。

图 4－9　县级尺度下 QQ 位置大数据与六普居住人口数据的 OLS 验证结果

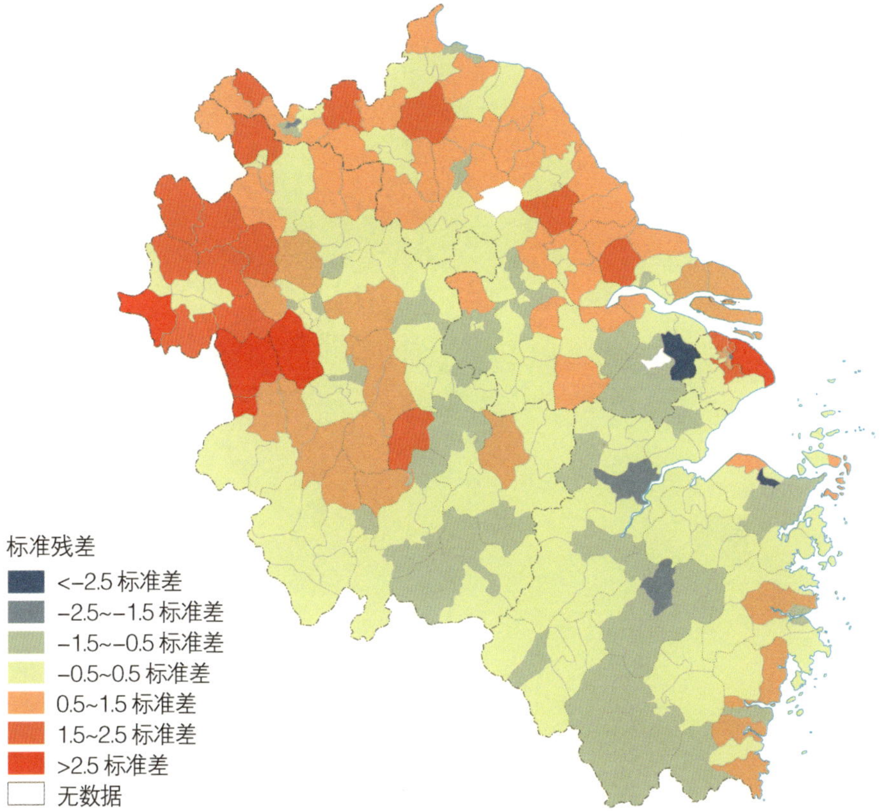

图 4-10　长三角地区 QQ 位置大数据与六普数据的 OLS 回归结果

果。这说明，剔除 0~15 岁和 64 岁以上的社交媒体低频使用用户，可提高使用 QQ 位置数据进行人口反演和预测的精度。

二、基于 QQ 位置大数据的人口密度反演结果

本研究采用了 1 天合成的 QQ 位置大数据进行了流动人口的预测和反演，结果如图 4-11 所示。经与常规统计数据和遥感数据反演的全国人口密度千米网格图对比，结果发现，QQ 位置大数据反演的最大人口密度显著大于后者，在城市中心达到了 63 583 人/平方千米，这说明 QQ 位置大数据在高密度的商业和住宅区进行人口反演的精度更高。从图 4-11 还能看出，人口密度高的区域聚集于京津冀、长三角和珠三角等经济发达的城

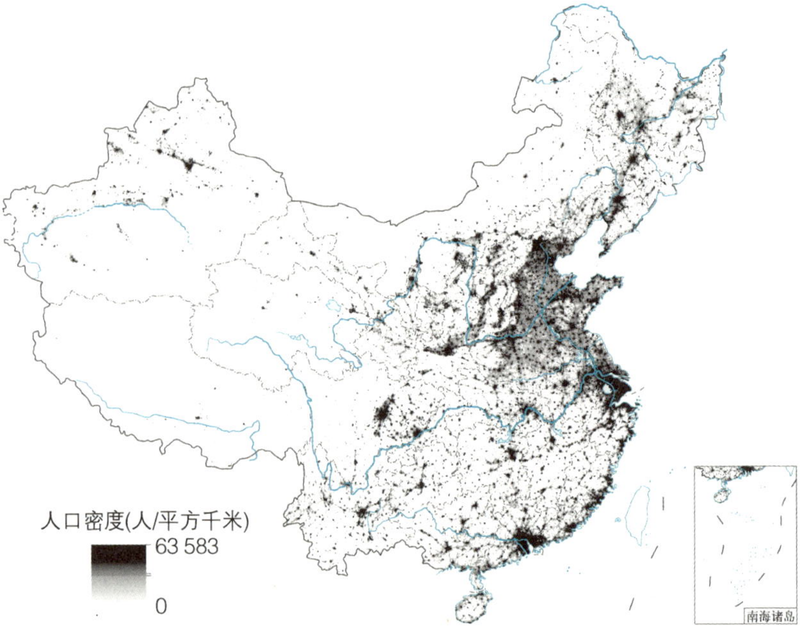

(a)

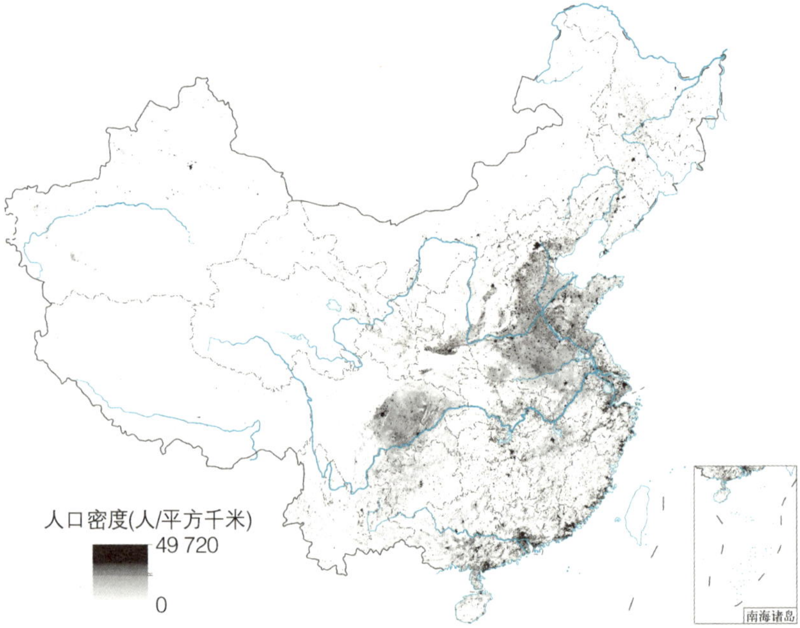

(b)

(a) 基于 QQ 位置大数据；(b) 基于常规统计数据。

图 4-11　全国人口密度千米网格图

市群区域，以及各省会城市，而基于常规统计数据和遥感数据进行反演得出的结果，只能看到在户籍人口大省河南、四川和山东属于高人口密度聚集区，几大城市群的人口密度优势不明显，这与现实状况有一定差异。

BME 方法在地统计学中取得了巨大的成功，但在社会科学中的应用较少。本研究提出基于 BME 方法发展大数据的缺失补足技术，最大限度地使用了软、硬数据和预测集的信息，将常规人口数据与时空大数据进行融合，实现了对多源数据的融合和利用，提高了常规数据的精确度和大数据的应用性，属于典型的学科交叉探索与创新。综上所述，具有高时空精度和分辨率的 QQ 位置大数据可以有效反演城市流动人口的时空分布特征，是绝佳的人口社会学研究的数据来源。

依据 BME 等时空数据处理方法，基于多源网络大数据，反演的上海市人口密度分布图如图 4－12 所示，从图上可以看到人口分布呈现明显的圈层现象，主城区中人口密度普遍在 2 万人/平方千米以上，远远大于近郊区和远郊区。

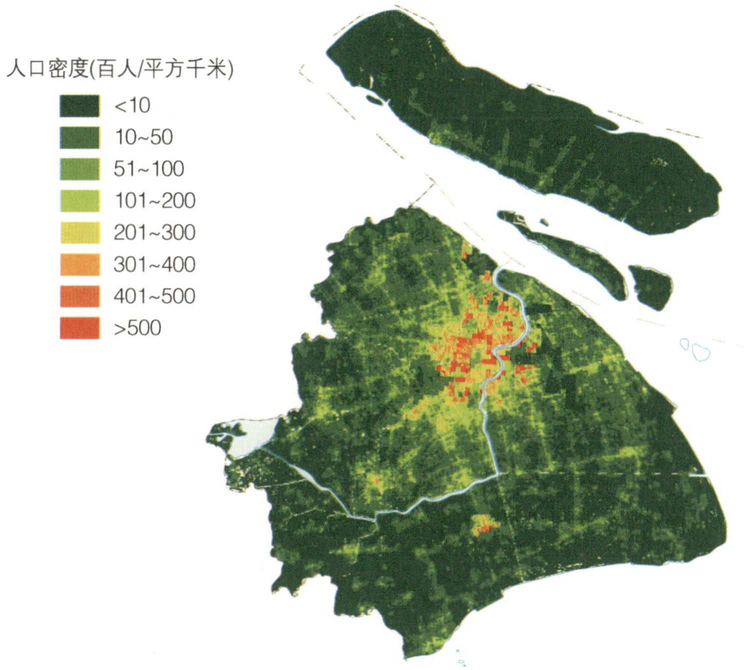

图 4－12　基于大数据反演的上海市人口密度分布图

第五章　城市公共服务供给能力评价

本章通过对各类公共服务设施的可达性及空间集聚特征进行分析，来评价其供给能力。同时，通过对各类公共服务设施的总体分析，来了解上海城市公共服务的综合供给能力。

第一节　医疗服务可达性评价及空间集聚特征

一、上海市医疗服务设施空间可达性

推进基本公共服务均等化是各级政府在公共和社会发展领域的宏观调控目标。作为基本公共服务的重要组成部分，医疗服务也是提高城乡居民健康水平的基础，在全面建成小康社会中发挥着举足轻重的作用。医疗服务设施作为基本公共服务设施，其空间分布以及可达性直接影响居民就诊的机会和方便程度，从而显著影响居民的日常生活质量。加强医疗服务设施建设，不仅能提高整体医疗水平，还能够改善患者医疗体验，增进医患感情，大大减少医患纠纷（杨大锁等，2006）。伴随着中国老龄化时代的到来，如何精准地解决中国大城市医疗需求、提升医疗服务质量，成为当前中国政府和居民共同关注的重要问题（杨上广等，2019）。随着新型农村合作医疗制度的推行，实现医疗机构的合理分布、提高医疗设施可达性、缩小城乡医疗水平差距，成为实现医疗服务公平的关键（Liu，Qin，and Xu，2019；吴建军、孔云峰、李斌，2008）。目前，我国大部分城市的

基本公共服务存在供给不足、配置不均的问题，其中城市医疗设施配置不均的问题最为突出（张涛等，2017）。此外，长期以来经济结构的二元性和医疗卫生资源激烈的市场竞争也造成城乡之间医疗资源供给的不均等化（胡恩，2015）。作为探讨医疗服务设施空间配置合理性的一个重要指标，空间可达性在一定程度上反映了公共服务在空间上的覆盖能力，被理解为促进医疗服务设施与城市建设共同发展的关键（李烝、廖永坚，代兰兰，2014）。2017 年，上海市卫生和计划生育委员会等联合发布的《上海市医疗机构设置“十三五”规划》提出要完善基层医疗机构，区级医院建设进一步加强以及三级医院实现郊区全覆盖，优化全市医疗资源配置，提高医疗资源利用效率，改善医疗综合服务能力，提升人民健康水平。

目前，在市场经济和城镇化的推进下，上海人口和用地迅速扩张，然而医疗服务却不能满足城市规模日益扩大所带来的需求，医疗服务存在诸多问题，如时空分布不均衡、服务质量下降等，影响到城市的可持续发展能力。为了解决上海医疗服务的困境，提高医疗服务的水平，需要对上海医疗资源的可达性开展研究。因此，本研究采用两步移动搜索法，通过度量上海市各级医疗服务设施的空间分布和集聚状况，识别和分析基于时间成本的上海市各级卫生医疗资源的区域差异，探讨上海市医疗服务设施的空间公平性状况，总结影响上海市医疗服务设施空间可达性的因素。

本节针对的医疗公共服务资源主要包括医院、社区卫生服务中心或服务站、药店等医疗卫生设施。研究主要关注两个方面：公共医疗卫生设施空间布局的状况，以及公共医疗设施的空间可达性分异状况。具体如下：

（1）采用两步移动搜索法，利用不同等级的道路构建多模态网络数据集，基于 GIS 空间分析方法对城市医疗服务设施的可达性进行分析，识别基于时间成本的上海市各级医疗服务设施的空间分布格局，以期为上海市公共医疗卫生设施空间布局和规划提供参考与建议。

（2）引入空间探索性分析工具，识别和探讨上海医疗服务设施可达性的空间分布及集聚状态，识别和分析上海各级医疗卫生资源结构，运用基尼系数评价和对比上海市及各区居民医疗可达性的空间公平性。

表 4-2 的统计结果显示，近几年来，上海医疗资源总体呈现上升的趋势，政府对医疗卫生资源整体投入力度也逐渐加强；基层医疗卫生机构呈现明显上升趋势且在数量上占据绝对优势，但占总医疗机构的比重呈下降趋势；随着社会经济发展和城市建设的推动，上海市医疗床位数、医疗技术人员及其医生数逐年稳定增加；诊疗人次和入院人数也呈现稳步上升的趋势；但诊疗人次和入院人数增长趋势比医疗床位数、医疗技术人员及其医生数的增长趋势更明显，出现需求多而供给不足的问题。为了解决居民日益增长的就诊需求与医疗资源供应不充足的矛盾，使上海市卫生医疗资源的供应和居民的需求更加匹配，需要对医疗资源与居住人口空间分布差异的现状进行研究，评估居民就医的便捷程度，发现医疗卫生资源空间配置上存在的问题，同时更好地进行空间上的合理分配，提高医疗资源的利用效率，从而达到高效的城市规划和治理。

居民出行的便捷程度被认为是限制人们在特定时间赶到医院的主要因素，因此，居民到医院的出行时间是可达性计算的基础。本研究着眼于上海市 16 个区内一级、二级和三级主体医疗卫生服务设施，在考虑距离衰减作用的基础上，运用两步移动搜索法，计算医疗服务各供、需点之间的最小通行成本（时间）。可达性是指利用特定交通系统从某一区位到达特定区位的便捷程度，居民就诊对于可达性的要求较高，因此医疗资源的可达性可以从一定程度上反映其均等性和公平性。本研究针对医疗资源的分布，基于道路可达性工具，通过设定不同道路级别的速度，在空间上进行各点到医疗设施的时间成本计算。

截至 2018 年年底，上海市共有 5 298 个卫生医疗机构，卫生人员有 20.65 万人。同时每万人的医生数是 31 人，每万人的床位数是 53 人。本研究中的上海市医保定点医院的名目来源于上海市医疗保障局官网，主要包括一级医院（包括社区卫生服务中心）、二级医院、三级医院这三类。定点医院 1 638 家，其中一级医院 1 319 家，二级医院 234 家，三级医院 85 家。这些医院的分布状况如图 5-1 所示。

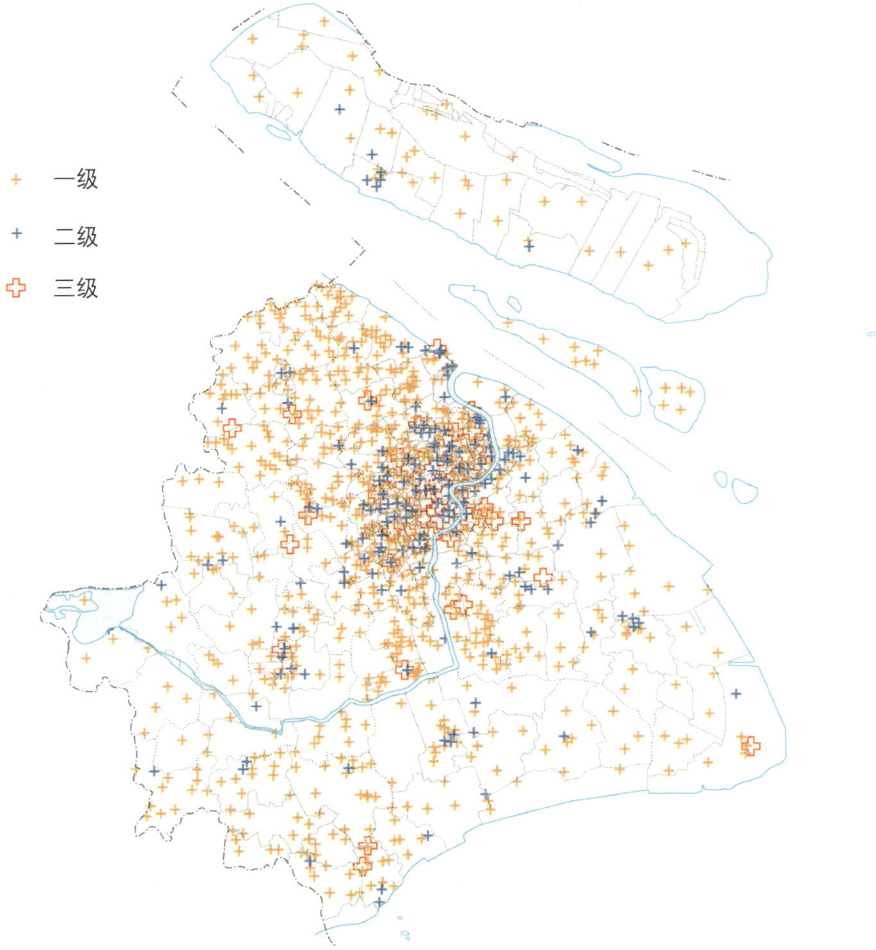

图 5-1　上海市定点医院空间分布图

基于 GIS 空间分析模块计算出上海市居民点到最近医院的最短时间，如图 5-2 所示。总体来看，对比以医院位置为中心建立搜索区和以居民位置为中心建立搜索区，我们发现，两者的搜索结果存在着一定的相似性，出行时间最短的区域都是出现在中心城区，分别是静安区、黄浦区、徐汇区、长宁区、普陀区、杨浦区、虹口区以及浦东新区的东部、北部地区，出行时间为 10~30 分钟。这些区域交通发达，位于各类交通道路的交会处，而青浦区的金泽镇出行时间也在 10~30 分钟内，主要由于该地区位于省界交界处，更靠近平均速度更快的高速公路。出行时间

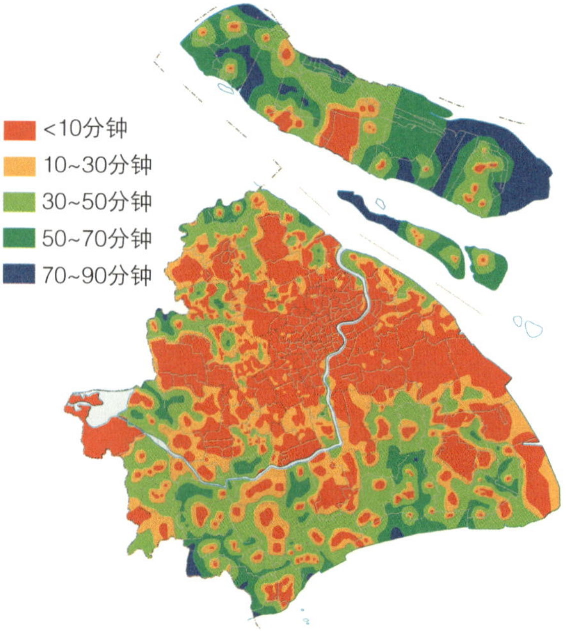

(a)

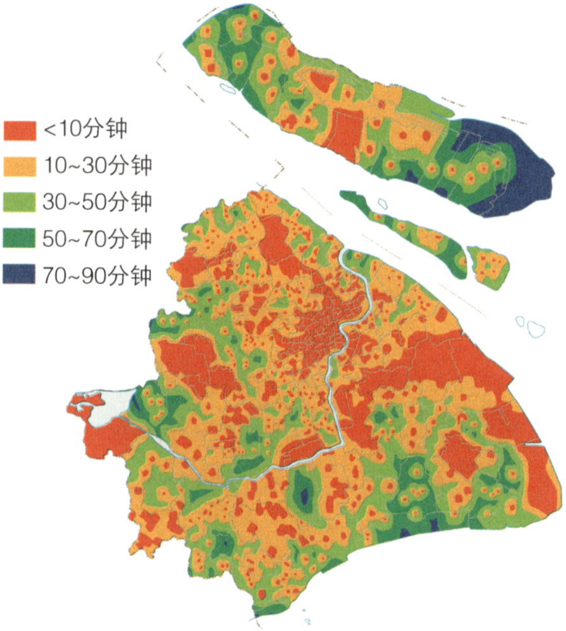

(b)

(a) 居民点到医院的可达性；(b) 医院到居民点的可达性。

图 5－2　基于两步移动搜索法的可达性分析结果

次之的区域在近郊区，主要包括嘉定区、宝山区、浦东新区、闵行区，出行时间为10~50分钟。这些区域都市高速公路覆盖较少，地铁的交会处也较少，通行相对中心城区来说不是很便利。出行时间最长的主要在远郊区，即金山区、奉贤区、青浦区、松江区以及崇明区，出行时间为50~90分钟，主要由于这些区域医院分布得较少，交通不发达，道路多为零星的乡村道路。

在两步移动搜索法中，中心城区的普陀区和长宁区的西北区域在以医院位置为中心建立搜索区得到的通行时间为30~50分钟，而以居民位置为中心建立搜索区则无法形成有效的搜索区。同时，我们发现以居民位置为中心建立搜索区时，郊区边缘地区通行时间在70分钟以上的区域比以医院位置为中心建立搜索区要多，最为明显的是崇明区和浦东新区。

对比不同的交通基础设施，将计算得出一级、二级和三级医院可达性的结果进行加权叠加，同时参考部分省市的公共服务设施规划标准以及相关访谈，在结合实际情况的基础上，将各级医疗服务的可达性分为5个等级，分别是：可达性最高的区域（小于10分钟）、可达性较高的区域（10~30分钟）、可达性一般的区域（30~50分钟）、可达性较低的区域（50~70分钟）、可达性最低的区域（70~90分钟）。各级医院的可达性整体上呈圈层形式发展，各级医疗设施点可达性时间为10~50分钟的区域覆盖范围最广（见图5-3）。

（1）上海市医疗服务设施可达性最高的区域（小于10分钟）主要集中在中心城区以及近郊区和远郊区的中心城镇区域，共包含了83个乡镇街道。这些区域交通便利，多位于各类交通道路的主干道上和交会处、乡镇和街道的中心地，各级医院分布广，多为二级、三级医院，同时区域范围内的乡镇街道分布密集，获取医疗资源非常方便。

（2）上海市医疗服务设施可达性较高的区域（10~30分钟）主要分布在中心城区和近郊区以及远郊区主要城镇的中心城区周边地区，共包含了62个乡镇街道。这些区域内交通道路完善，国道、省道分布集中，小区分布均匀，获取医疗资源较为方便。

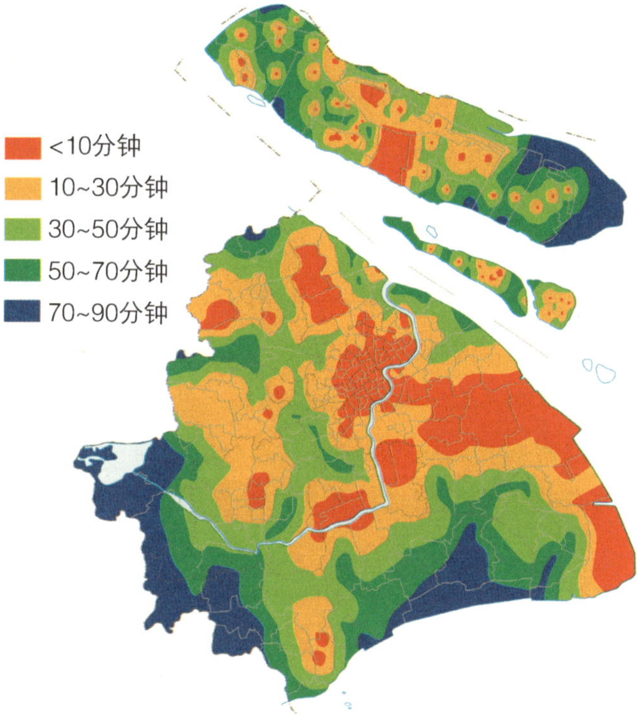

图 5－3 基于各级医疗机构的可达性

（3）上海市可达性一般的区域（30～50 分钟）主要分布在近郊区域以及距离远郊区的中心城镇 15 千米左右的区域，共包含了 32 个乡镇街道。该区域有高速公路和地铁贯穿其中，为居民就医出行提供便利。

（4）上海市可达性较低的区域（50～70 分钟）主要分布在近郊的边缘地区和远郊区，距离中心城区大约 40 千米，共包含了 40 个乡镇街道。该区域三级卫生医院缺乏，整体上交通不是很便利，只有省道和县道贯穿其中，居民点分布相比中心城区也比较稀疏。

（5）上海市可达性最低的区域（70～90 分钟）主要集中在远郊的边缘地区，距离中心城区大约 60 千米，共包含了 21 个乡镇街道。该区域交通不便，只有乡村道路分布其中，二级和三级医院缺乏，只有少许的一级医院。

二、医疗服务设施可达性的空间集聚特征

利用 GIS 的空间自相关性模块，基于反距离权重系数，计算上海市医疗服务设施可达性的空间自相关状况。结果显示，全局 Moran's I 指数为 0.093，Z-score 得分为 1.75，大于 1%显著性水平的临界值 2.58，具有非常显著的正空间自相关关系，说明上海市整体医疗服务医疗设施可达性的空间集聚特征显著。

基于聚类和异常值分析（Anselin Local Moran's I）模块，生成局域空间自相关特征图（见图 5-4）。总体来看，上海市医疗服务设施的局部空间集聚特征显著。本研究将各级医疗服务设施的集聚特征分开来讨论，主要是由于在中心城区二级、三级医院分布密集，一级医院分布较少而一级医院总数占比又较大，中心城区区域面积较小，导致中心城区的集聚特征不是很明显，因此本研究对各级医疗机构分开讨论，可以更加有效地捕捉各级医疗服务设施的空间集聚特征。

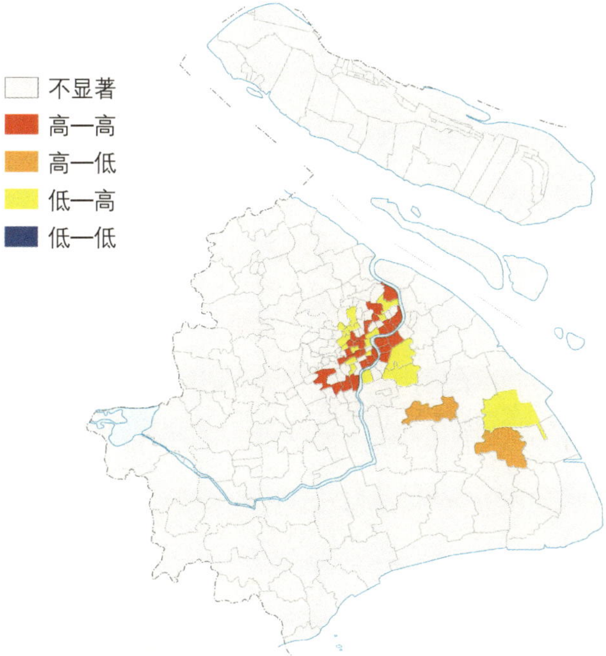

(a)

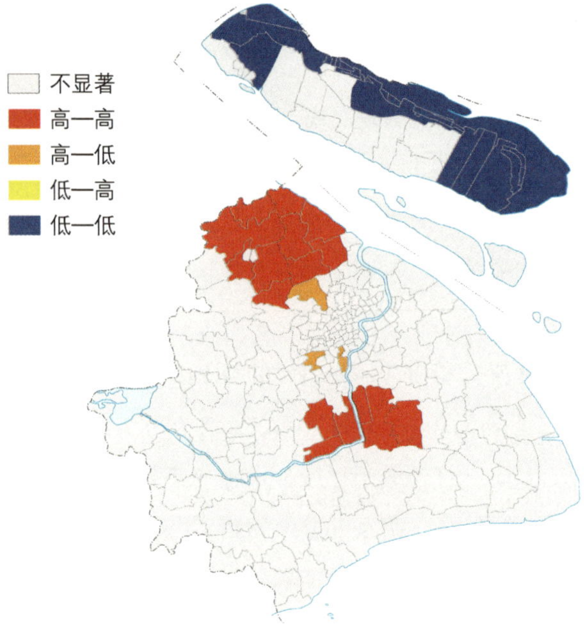

(b)

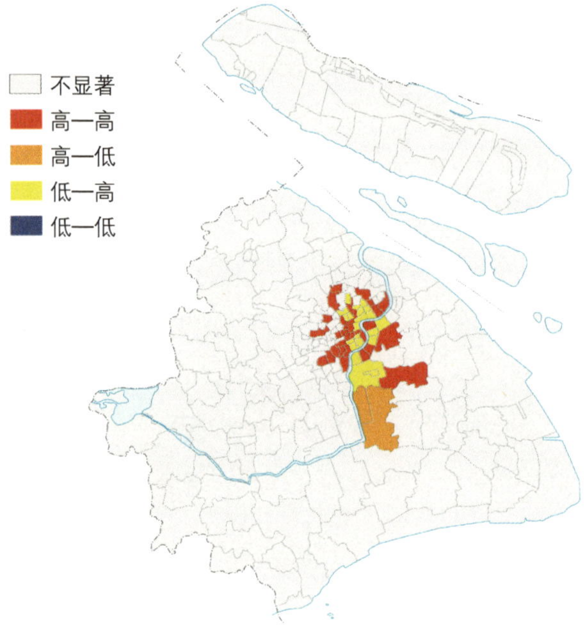

(c)

(a) 一级医疗服务设施聚集性；(b) 二级医疗服务设施聚集性；(c) 三级医疗服务设施聚集性。

图 5－4　上海市医疗服务设施可达性综合水平的可达性集聚性

各级医疗机构“高—高”集聚特征非常显著。一级医院的“高—高”集聚区主要集中在近郊区，主要包括嘉定区、宝山区、闵行区和松江区东部地区；二级医院的“高—高”集聚区主要集中在中心城区和近郊区，主要包括杨浦区、虹口区、黄浦区、静安区、徐汇区、闵行区和浦东新区的部分地区；三级医院的“高—高”集聚区主要集中在中心城区，主要包括静安区、普陀区、黄浦区、徐汇区和浦东新区，主要是由于这些区域经济发达、交通非常便利（各类道路都贯穿其中），医疗资源分布密度大、医疗服务设施的可达性水平高于周边地区（平均可达性时间在30分钟以内）。“低—低”集聚区在一级医院表现较为明显，主要集中在崇明区，该区交通通达性较差、医疗服务设施的可达性水平低于周边地区（可达性时间在50分钟左右）。

优化医疗服务设施的空间布局，改善交通通达性，有利于提高缺医地区的医疗可达性水平，从而提高医疗消费的公平性（周小伍，2015）。基于时间可达性基尼系数的研究结果表明，上海市医疗服务设施的空间不公平性显著（见表5-1）。中心城区的长宁区、静安区、虹口区、杨浦区、普陀区、徐汇区、黄浦区的医疗卫生资源配置较为公平，基尼系数都居于0.3以下，各区域平均可达性时间在10分钟左右；近郊区域的嘉定区、宝山区、闵行区的卫生医疗配置资源处于中等水平，基尼系数为0.3~0.4，各区域的平均可达性时间为30~40分钟；远郊区域的崇明区、浦东新区、青浦区、金山区、松江区、奉贤区卫生医疗资源配置资源不足，医疗资源配置不公平性明显，基尼系数处在“警戒线”0.4以上，各区域的平均可达性时间为50~70分钟。综上所述，平均可达性时间越短（可达性越高），其区域医疗资源的配置越公平；平均可达性时间越长（可达性越低），医疗资源配置的不公平性越明显。

表5-1　上海市各区医疗服务设施的基尼系数

行政区	平均可达性时间/分钟	基尼系数	行政区	平均可达性时间/分钟	基尼系数
静安区	7.427	0.154	宝山区	30.750	0.320
普陀区	8.657	0.161	嘉定区	32.137	0.340

续 表

行政区	平均可达性时间/分钟	基尼系数	行政区	平均可达性时间/分钟	基尼系数
虹口区	7.590	0.188	浦东新区	40.668	0.473
杨浦区	10.718	0.193	奉贤区	62.788	0.501
徐汇区	10.192	0.199	青浦区	52.620	0.508
长宁区	11.216	0.208	松江区	57.036	0.524
黄浦区	10.250	0.214	金山区	62.267	0.569
闵行区	34.283	0.306	崇明区	69.726	0.657

本研究以上海市 16 个区为例，以居民小区点和医保定点医院的位置数据为基础，借助 GIS 空间分析功能，评价了医疗服务设施的聚集分布状况。采用两步移动搜索法，综合计算了居民到医院的最短通行时间，进而探讨和总结了上海总体及各区医疗服务设施可达性状况，初步研究结果如下：

（1）医疗服务设施的可达性整体上呈圈层结构的分布格局，上海市各区医疗卫生服务的可达性自中心城区向郊区递减；高可达性区域主要集中在中心城区，远郊区的可达性低，而近远郊的中心城镇区域可达性也比较高，这与该区域处在各类交通道路的交会处、医院分布密集等多种要素有关。基于距离成本的研究结果显示，各级医疗设施（三级、二级、一级医院）有效服务区范围随等级下降而递减。基于时间成本的研究显示，各级医疗设施点在出行时间为 10~50 分钟的区域内覆盖范围最广。

（2）各级医疗服务设施可达性的空间集聚特征显著，高可达性集聚区主要集中在中心城区以及近郊区的中心城镇区域。一级医院可达性较高的空间集聚区域主要位于近郊区的嘉定区、宝山区、闵行区和远郊松江区的东部地区，主要由于这些区域一级医院的分布密集、交通便利、区域面积大；而可达性较低的区域主要聚集在崇明区，这主要由于该区域交通通达性较差、无三级医院分布。二级、三级医院可达性高的集聚区域也主要集中在中心城区。总的来说，上海市中心城区和远郊区的医疗服务设施的空间集聚差异还很大，合理配置医疗资源、缩小区域差异是目前解决医疗资源配置合理的关键，远郊区可以借鉴近郊区在区域的中心城镇地区发展医疗资源聚集点，发挥中心城镇的带动作用，改善远郊区域整体医疗资源缺乏的状态。

（3）上海市总体医疗服务设施配置空间上分布不公平，且不公平性越来越明显。平均可达性时间越短（可达性越高），其区域医疗资源的配置越公平；平均可达性时间越长（可达性越低），医疗资源配置的不公平性越明显。优质的医疗资源主要在中心城区，该区域平均可达性时间在 10 分钟左右；近郊区的医疗资源处在正常状态，其平均可达性时间为 30~40 分钟；远郊区医疗资源不公平性显著，平均可达性时间为 50~70 分钟。

本节在两步搜索法的基础上，考虑了不同道路的速度，计算不同等级医院的可达性，识别和计算医疗服务设施在空间分布上的公平性和集聚性，尽可能如实地反映居民实际的就医状况。总体来看，上海市医疗服务设施配置呈现较为明显的空间不公平分布状态，优质卫生医疗资源区域主要集中在中心城区，近郊区的配置较为合理，而远郊区卫生医疗资源的空间不公平性现象较为明显。平均可达性越高，其区域医疗资源的配置越公平；平均可达性越低，医疗资源配置的不公平性越明显。对于青浦区、松江区、奉贤区、金山区、崇明区这些远郊地区，当地加强交通道路的建设，并提高医保定点医院等级，将有助于就医可达性的改善，更好地提高医疗公共服务的公平性。

第二节　教育服务可达性评价及空间集聚特征

一、教育服务设施的空间可达性分析

学校教育很大程度上影响一个人的习惯和价值观的形成，合理配置教育资源是考量教育公平的一个重要指标（许燕婵，2008），但因受人口分布、经济发展状况的影响，各区教育服务设施的分布呈现较大的差异。空间可达性能够在一定程度上度量上海市教育资源空间配置上的合理性。本节基于不同路网的可达性分析，探讨上海市教育资源在空间上的配置状况，为城市规划提供合理建议。

上海市教育服务设施的分布存在明显的区域差异，可达性状况呈现自中心城区向外递减的空间特征（见图 5-5）。整体来看，中心城区的可达性较高，可达性时间为 10 分钟，主要由于这些区域教育服务设施分布集中、各类交通贯穿其中、居民小区密集、人口众多。近郊区的可达性区域差异明显，可达性时间小于 10 分钟的占比 60%以上，可达性时间为 10~30 分钟的占比 30%左右，可达性时间为 30~90 分钟的占比 10%左右；可达性较高的区域主要集中在近郊区的中心城镇，这些区域教育服务设施分布密集、交通便利。远郊区可达性时间处在 10~50 分钟的区域较密集，可达性时间处在 70~90 分钟的分布区域较多，主要由于这些区域距离中心城区和中心城镇区域较远，教育服务设施较少，只有县道和乡道贯穿其中。在各个区县内，平均可达性时间最短的区域是黄浦区，其次是静安区和虹口区；平均可达性时间最长的区域是崇明区（见表 5-1）。

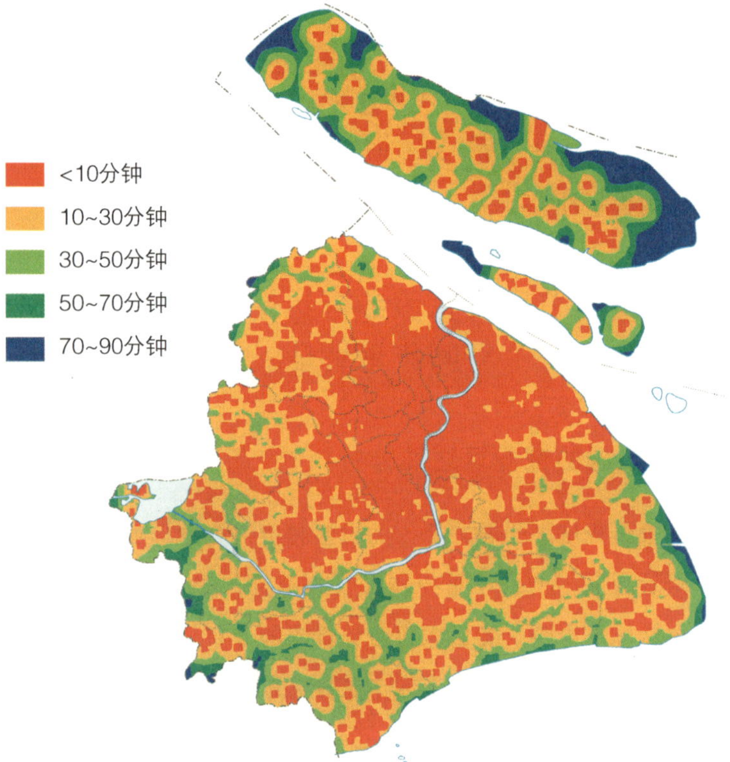

图 5-5　上海市教育服务设施空间可达性分析

表 5-2　上海市教育服务设施平均可达性时间

单位：分钟

行政区	平均可达性时间	行政区	平均可达性时间
静安区	7.324	宝山区	38.525
普陀区	10.175	嘉定区	44.234
虹口区	7.841	浦东新区	49.526
杨浦区	9.328	奉贤区	57.249
徐汇区	8.923	青浦区	52.712
长宁区	9.647	松江区	54.326
黄浦区	6.592	金山区	57.531
闵行区	29.147	崇明区	68.431

二、教育服务设施的空间集聚特征

利用 GIS 的空间自相关性模块，基于反距离权重系数，计算上海市教育服务设施可达性的空间自相关性。结果显示全局 Moran's I 指数为 0.113，为正值，表示教育服务设施呈现为正向聚集状态。进一步运用聚类和异常值分析，生成局域空间自相关特征图（见图 5-6）。总体来看，教育服务设施的空间集聚特征显著。“高—高”集聚区域主要集中在中心城区（杨浦区、徐汇区、黄浦区、普陀区）、近郊区（闵行区、浦东新区）（见表 5-3），主要是由于这些区域教育资源完善、交通系统发达、可达性远远高于周边地区。“低—低”集聚区域主要集中在崇明区和浦东新区的部分区域，主要是由于这些区域教育服务设施缺乏、交通不便、距中心城区较远、可达性较低。

表 5-3　教育基础设施的集聚特征

集聚特征	主要区域
“高—高”集聚区域	杨浦区（殷行街道、五角场镇、延吉新村街道等）、浦东新区（沪东新村街道、沪东新村街道等）、徐汇区（龙华街道镇、田林新村街道等）、黄浦区（半淞园街道、五里桥街道等）、普陀区（曹杨街道）、闵行区（梅陇镇、七宝镇等）、松江区（九亭镇）等
“低—低”集聚区域	浦东新区（书院镇、泥城镇）、崇明区

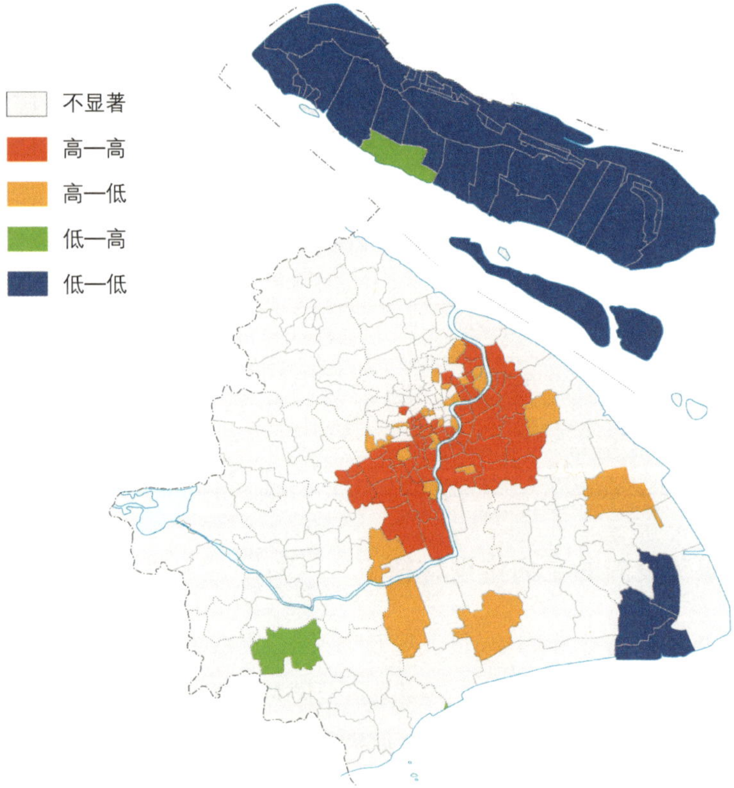

图 5－6 上海市教育服务设施集聚性分析

第三节 其他公共服务设施的空间可达性及空间集聚特征

一、其他服务设施的空间可达性分析

本节针对其他服务设施也进行了空间可达性及集聚特征分析，归纳出不同的分布特征及规律。

文化服务设施空间分布的区域差异显著［见图 5－7（a）］，可达性时间为 50～70 分钟的区域最多，其次为 30～50 分钟，可达性时间为 50～90 分钟的区域主要集中在金山区、青浦区、崇明区和浦东新区。中心城区的可达性时间为 10～30 分钟，近郊区的可达性时间为 10～50 分钟的区域较多，远郊区的可达性时间多为 50~90 分钟，在近郊区和远郊区出现明显的集聚区域。各行政区域内的平均可达性时间存在一定的差距，平均可达性时间最短的区域主要在徐汇区和黄浦区，平均可达性时间在 10 分钟以内，这主要是由于大型的图书馆和文化社区集聚在该区域，且各类交通道路贯穿其中。平均可达性时间最长的区域主要在金山区和崇明区，平均可达性时间都在 70 分钟以上，这些区域交通不便，大型图书馆和文化社区分布较少。

在生活服务设施方面［见图 5－7（b）］，出行时间在 10 分钟以内的区域占中心城区的 80%以上，这主要是由于生活服务设施点分布多且广泛，交通便利；近郊区域的平均可达性时间在 15 分钟左右，这主要是由于近郊区的居民点分布较多，设施点分布密集；远郊区的平均可达性时间为 30~40 分钟，但在远郊区域的边缘地带，平均可达性时间为 70~90 分钟，主要由于该区域交通不便，居民小区布局稀疏，生活服务设施点较少。各个行政区域内，中心城区和近郊区的平均可达性差异不大，平均可达性时间最短的区域主要在虹口区、黄浦区、徐汇区，主要是因为这些区域交通便利，设施点分布较密集。

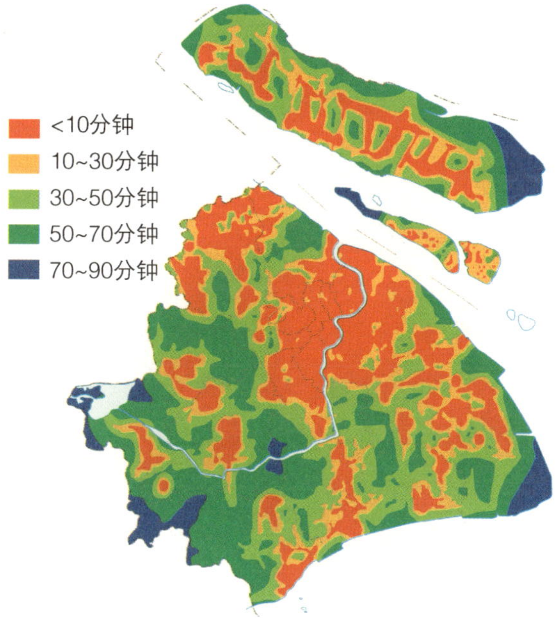

（a）

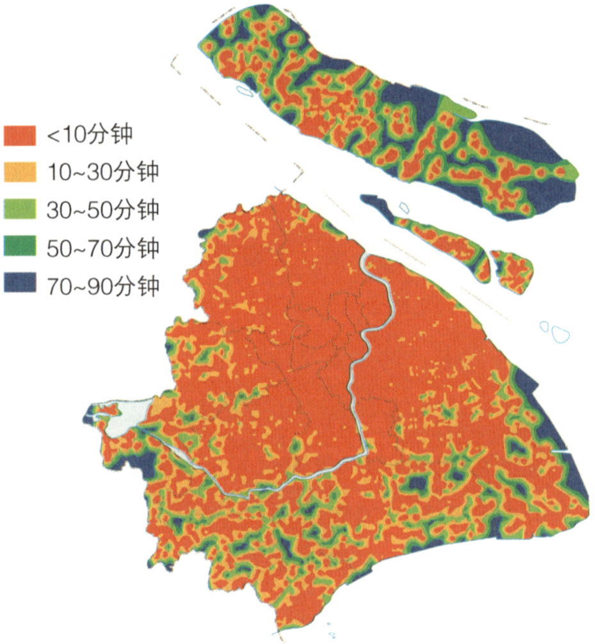
<10分钟
10~30分钟
30~50分钟
50~70分钟
70~90分钟

(b)

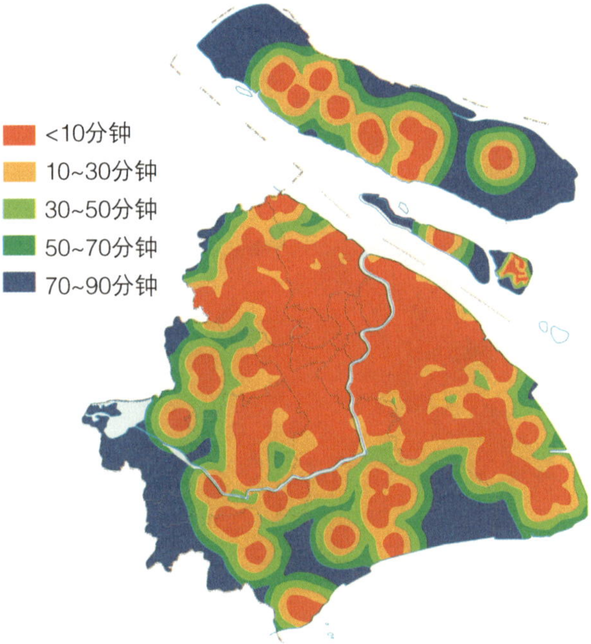
<10分钟
10~30分钟
30~50分钟
50~70分钟
70~90分钟

(c)

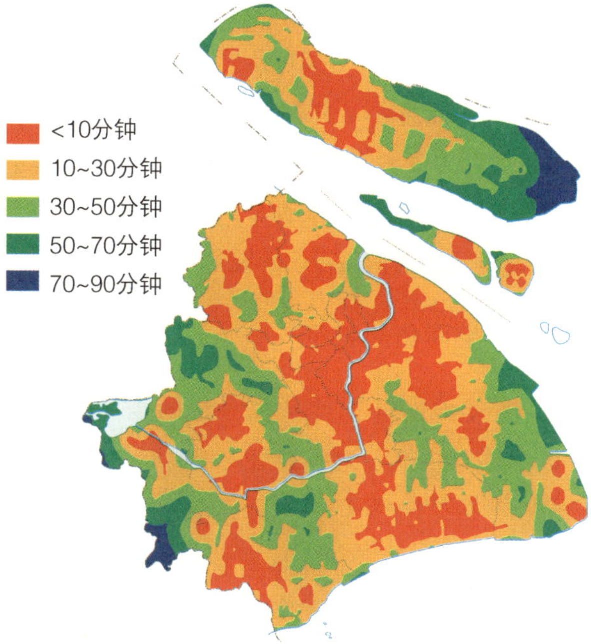

(d)

(a) 文化服务设施可达性分析；(b) 生活服务设施可达性分析；(c) 社会保障服务设施可达性分析；(d) 生态环境服务设施可达性分析。

图 5-7　其他服务设施空间可达性分析

社会保障服务设施在可达性时间［见图 5-7（c）］小于 10 分钟和 10~30 分钟的区域内分布最广泛，区域间的差异显著。社会保障服务设施数量自中心城区向外递减，在远郊区域内出现了多个集聚中心点。可达性最高的区域主要在中心城区，平均可达性时间在 10 分钟左右，可达性次之的区域主要在近郊区，出行时间为 20~40 分钟，可达性最低的区域主要在远郊区，平均可达性时间为 50~70 分钟，这主要是由于中心城区社会保障服务设施分布多，交通便利。各个行政区域内的可达性也存在显著差异，可达性最高的区域在黄浦区，平均可达性时间为 7.96 分钟；平均可达性最低的区域主要在崇明区，这是因为该区交通不便，多为县道和乡道，社会保障设施点较少。

生态环境服务设施的空间可达性［见图 5-7（d）］呈现“块状”聚集的特点，尤其在各个行政区域内出现明显的集聚区域，平均可达性时间在

10~50 分钟的区域占主要部分，这主要是因为生态环境服务设施点大多分布在近郊区和远郊区。各个区域内空间可达性差异显著，中心城区平均可达性时间为 10~20 分钟，近郊区域的平均可达性时间为 30~50 分钟，远郊区域的平均可达性时间为 40~70 分钟。各个行政区域内的平均可达性差异明显，可达性最高的行政区域主要在徐汇区和黄浦区，平均可达性时间都在 10 分钟以内，可达性最低的行政区域主要在崇明区。

二、其他服务设施的空间集聚特征

上海市文化服务设施的可达性呈现一定的空间集聚特征，全局 Moran's *I* 指数为 0. 146，为正值。进一步运用聚类和异常值分析，生成局域空间自相关特征图［见图 5－8（a)］。总体来看，上海市文化服务设施的空间集聚特征显著。“高—高”集聚区主要集中在中心城区（杨浦区、徐汇区、普陀区、静安区、黄浦区、长宁区）和浦东新区，这主要是因为该区域靠近速度较快的都市高速公路，文化设施点分布较多，且这些地方的平均可达性时间在 10 分钟左右。“低—低”集聚区主要集中于闵行区、松江区、崇明区，主要由于这些区域文化服务设施点分布较少，平均可达性时间在 50 分钟以上。

上海市生活服务设施可达性的空间自相关性分析结果显示，全局 Moran's *I* 指数为 0. 145，说明上海市整体生活服务设施的可达性呈现一定的空间集聚特征。进一步运用聚类和异常值分析，生成局域空间自相关特征图［见图 5－8（b)］。总体来看，上海市生活服务设施的空间集聚特征显著。“高—高”集聚区主要分布在中心城区（虹口区、杨浦区、静安区、黄浦区、普陀区、徐汇区)、近郊区（闵行区、浦东新区）和远郊区的松江区，这些区域交通便利，生活服务设施布局密集，平均可达性时间都在 10 分钟以内。“低—低”集聚区主要集中在浦东新区、金山区、崇明区，这些区域距离中心城区较远，交通不便，平均可达性时间为 25~50 分钟。

上海市社会保障服务设施可达性的空间自相关性结果显示，全局 Moran's *I* 指数为 0. 12，说明上海市整体社会保障服务设施的可达性呈现一定的空间集聚特征。进一步运用聚类和异常值分析，生成局域空间自相关特征图［见图 5-8（c）］。总体来看，上海市社会保障服务设施的空间集聚特征显著。“高—高”集聚区主要在中心城区（虹口区、杨浦区）、近郊区（闵行区、浦东新区、宝山区），这主要是由于这些区域远离中心城镇区域，环境优越，适合养老生活，因而存在大型的养老院和福利院，同时靠近省道线，交通便利。“低—低”集聚区主要位于中心城区和崇明区，主要是由于养老院、福利院等占地面积较大，中心城区地价较高，环境相对嘈杂。

上海市生态环境设施可达性的空间自相关性结果显示，全局 Moran's I 指数为 0.011，说明上海市整体生态环境服务设施的可达性呈现一定的空间集聚特征。进一步运用聚类和异常值分析，生成局域空间自相关特征图［见图 5-8（d）］。总体来看，上海市生态环境服务设施的空间集聚特征显著。“高—高”集聚区主要在普陀区、静安区、金山区，这些区域都有大型的绿地和公园，“低—低”集聚区主要在宝山区的边缘地区，交通不便，公园、绿地分布较少。

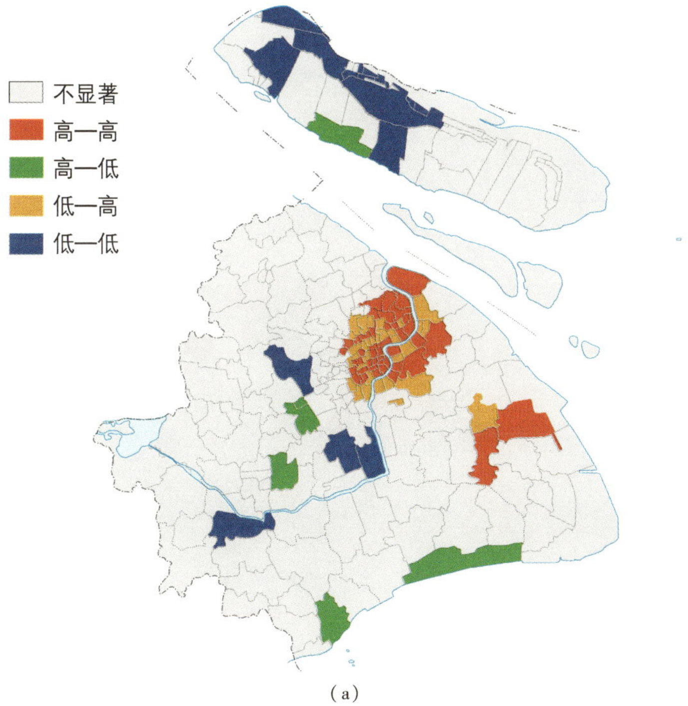

（a）

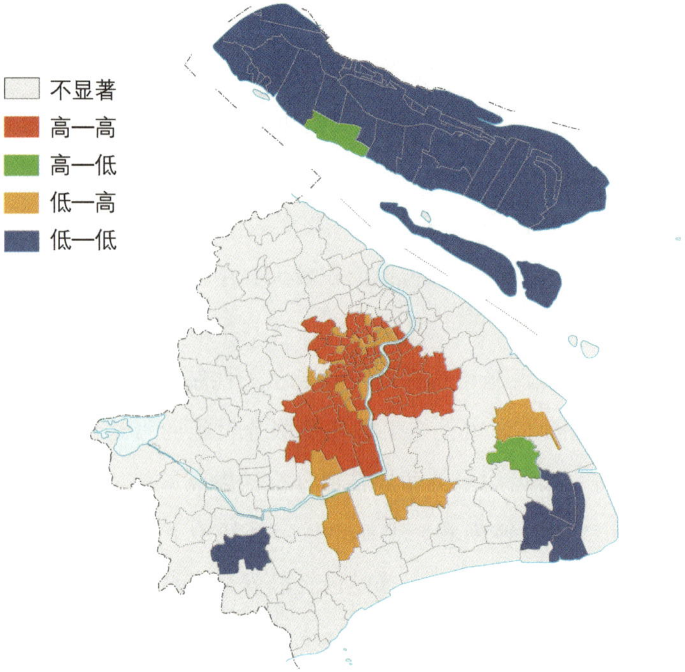

(b)

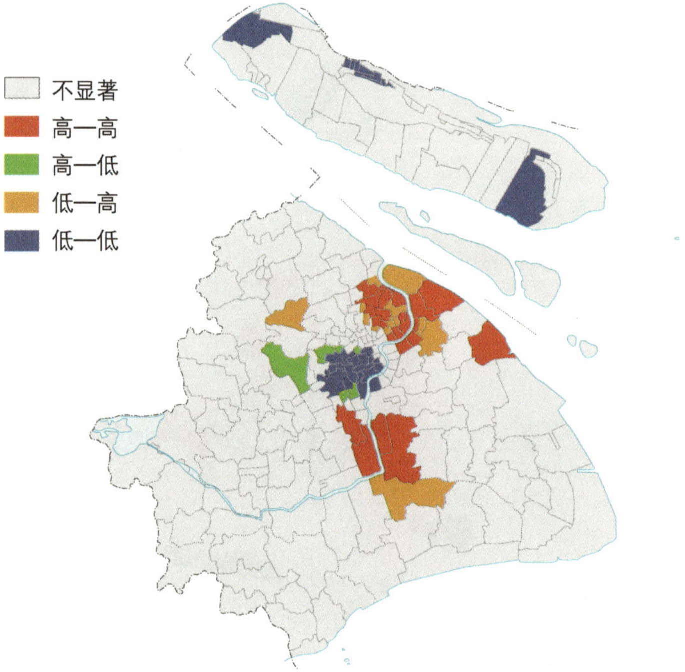

(c)

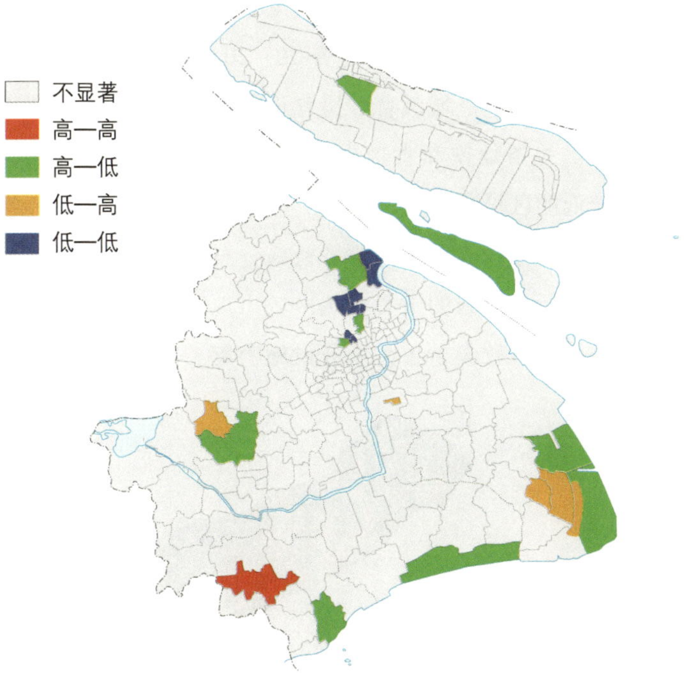

(d)

(a) 文化服务设施集聚性分析；(b) 生活服务设施集聚性分析；(c) 社会保障服务设施集聚性分析；(d) 生态环境服务设施集聚性分析。

图 5-8　上海市其他服务设施集聚性分析

第四节　上海市公共服务的总体空间可达性及空间集聚特征

通过参考相关文献，本研究采取主观赋值法中的专家打分法，邀请多位对打分对象比较熟悉且权威的专家进行打分；再结合层次分析法得到各类基本公共服务设施的权重，分别是生活服务设施 0.3、教育服务设施 0.25、医疗服务设施 0.25、文化服务设施 0.09、社会保障服务设施 0.07、生态环境服务设施 0.04；最终加权汇总得到上海市基本公共服务设施的空间可达性图（见图 5-9）。上海市基本公共服务空间可达性自中心城区向外逐渐递减，可达性最高的区域主要集中在中心城区、浦东新区北部、嘉定区和宝山区南部，这些区域主要靠近速度较快的都市高速公路，各类服务设施分布密集，且平均可达性时间为 10～20 分钟；可达性中等的区域主要分布在近郊区，这些区域教育、医疗设施的分布较稀疏，生活服务设施的布局较密集，多条地铁和省道布局其中，平均可达性时间为 20～50 分钟；可达性较低的区域主要在远郊区，这些区域交通不便，距离中心城区较远，社会保障服务设施和生态服务设施分布较多，平均可达性时间为 50～70 分钟。在各行政区域的中心城镇区域出现明显的集聚，主要是由于该区域交通便利、人口较多、各类服务设施密集。

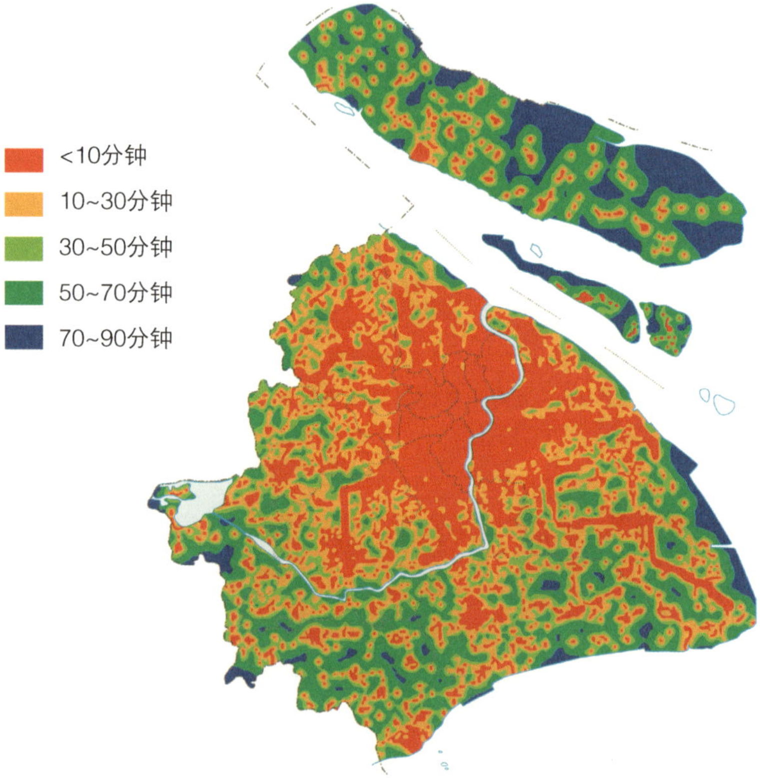

图 5-9　上海市基本公共服务的总体可达性

各区间的平均可达性差异显著（见表 5-4），平均可达性最高的区域主要分布在静安区，该区域生活服务、教育、医疗服务设施布局密集，各类交通道路布局其中；平均可达性最低的区域主要在崇明区，该区域交通道路不完善，各类服务设施分布较少。

基于不同的权重计算发现，上海市基本公共服务可达性存在一定的空间不均衡性。可达性最高的区域主要分布在中心城区、都市高速公路贯穿的部分近郊区、远郊区的中心城镇区域；可达性最低的区域主要在远郊区，该区域交通路网不完善、居民小区分布稀疏、各类基本公共服务设施分布不集中。合理配置基本公共服务设施的空间分布，缩小区域差异是目前解决公共服务设施空间分布不均衡问题的关键，远郊区可以借鉴近郊区的经验，提升中心城镇基本公共服务的质量，加强交通路网的建设，发挥中心城镇的带动作用，逐步改善其整体基本公共服务水平较低的状况。

表 5-4　上海市基本服务设施的平均可达性时间

单位：分钟

行 政 区	平均可达性时间	行 政 区	平均可达性时间
静安区	9.41	宝山区	28.52
普陀区	11.75	嘉定区	33.29
虹口区	9.21	浦东新区	40.60
杨浦区	11.01	奉贤区	50.94
徐汇区	9.40	青浦区	53.65
长宁区	11.55	松江区	51.71
黄浦区	8.73	金山区	57.58
闵行区	18.59	崇明区	64.91

第五节　上海市公共服务的空间可达性及空间集聚特点评价

一、各类基本公共服务空间可达性

整体上，各类公共服务设施在空间可达性上存在一定的相同点，可达性最高的区域主要在中心城区，其次在近郊区，可达性最低的区域主要在远郊区。空间上的可达性整体上自中心城区向外围区域递减，同时为响应中心乡镇带动周边区域加速发展的政策，本研究发现各类公共服务在近郊区出现明显的中心集聚区域，这些区域相对于周边区域经济发达、交通便利、服务设施充足。各类基本公共服务设施平均可达性最高的区域主要在黄浦区，平均可达性时间在10分钟以内，这主要是由于该区域处在中心城区，交通便利，各类设施点分布密集；平均可达性较低的区域集中在崇明区，主要是由于崇明区距离中心城区较远，交通不便，服务设施点分布稀疏。

各类公共服务设施在空间上存在明显的区域差异。可达性最高的服务设施主要是生活服务设施，平均可达性时间小于10分钟的区域占比高，这主要是由于生活服务设施点分布多且密集；可达性最低的服务设施主要是生态环境服务设施，这主要是因为生态环境服务设施占地面积大且多分布在近郊区和远郊区。教育服务设施和医疗服务设施平均可达性时间小于10分钟和10~30分钟的区域占比高，平均可达性时间为70~90分钟的区域主要分布在崇明区的远郊区。文化服务设施和生态环境服务设施呈“块状”分布，在近郊区和远郊区呈现明显的集聚区域，文化服务设施平均可达性时间为50~70分钟的区域占比高，生态环境服务设施平均可达性时间为10~50分钟的区域占主要部分，各个行政区域内出现了明显的集聚区域。社会保障服务设施平均可达性时间小于10分钟和10~30分钟的区域占比高。

二、各类公共服务空间集聚特征

教育、医疗、文化、生活服务设施的“高—高”集聚区域主要集中在中心区域。教育、文化、生活、社会保障服务设施的“低—低”集聚区域主要集中在崇明区。

生态环境服务设施的“高—高”集聚区域出现在金山区的吕巷镇，这些区域靠近海边，有很多生态公园。社会保障服务设施的“高—高”集聚区域主要在中心城区（杨浦区、虹口区）和近郊区（宝山区、浦东新区），主要是由于这些区域有都市高速公路，且社会保障服务设施分布较多。社会保障服务设施的“低—低”集聚区域主要集中在宝山区，主要由于该区的社会保障服务设施点分布较少。

基于不同的权重计算发现，上海市基本公共服务可达性存在一定的空间不均衡性。可达性最高的区域主要分布在中心城区、都市高速公路贯穿的部分近郊区、远郊区的中心城镇区域；可达性最低的区域主要在远郊区，这些区域交通路网不完善、居民小区分布稀疏、各类基本公共服务设施分布不集中。上海市的医疗服务设施的可达性具有明显的空间分异特征，可达性高的区域主要集中在中心城区以及近、远郊交通发达的中心城镇地区，可达性低的区域主要集中在近、远郊区。上海市的空间分异格局是在多重因素的共同作用下形成的，可能存在以下几个方面的因素：

（1）市场经济的推动。随着商品经济的快速发展，上海经济发展迅速，人口大幅度增长，用地迅速扩张，一些郊区的居住区域扩张明显，但周边的公共服务配套设施却跟不上。

（2）宏观政策的支持。为了落实城镇带动乡村的发展政策，缩小城乡发展差距。在上海的近、远郊区出现了卫星城及中心城镇，这些中心城镇各项服务设施逐渐完善，公共服务设施的发展在一定程度上为周边乡镇带来了便利。

（3）交通条件的改善。随着交通设施的发展（如城市快速路和地铁的建设），居民的出行越来越便利，公共服务的选择越来越多样。交通主干线以及交会处由于换乘交通便利，且公共服务设施较其他区域完善，设施的可达性较高。

合理规划基本公共服务设施的空间分布，缩小区域差距是目前解决公共服务设施空间分布不均衡问题的关键。远郊区可以借鉴近郊区的经验，提升中心城镇基本公共服务的质量，加强交通路网的建设，发挥中心城镇的带动作用，逐步改善其整体基本公共服务水平较低的状况。

第六章　公共服务资源均等化评价

本章采用核密度法和泰森多边形法等方法和模型对公共服务在空间上的均等化进行评价，这些方法被广泛应用在人口地理、社会地理等多个研究领域，在人口、土地、社区、城市群、商业模式与企业布局等方面的实证研究中发挥着重要的作用。由于各种类型的公共服务在空间分布上存在不均匀性及复杂性（也就是空间异质性），所以探讨服务类型特征及其空间分布与配置的关系就显得尤为重要。

第一节　公共服务设施的核密度分析

一、教育服务设施的核密度分析

教育的投入率是评价一个区域文化软实力建设的重要指标。教育设施主要包括学校（大学、中学、小学、幼儿园）和科研教育机构（科学研究所、辅导机构）。核密度分析结果表明（见图 6－1），上海市教育服务设施分布主要集中在中心城区。核密度值最高的区域在杨浦区、徐汇区、黄浦区、静安区、长宁区，占比为 50%左右，这些区域人口众多、学校分布密集、交通便利。核密度值次之的区域在宝山区的南部地区、浦东新区的北部地区、闵行区的东北部地区、松江大学城周边、青浦区上海政法学院附近、奉贤大学城附近、嘉定清河路附近大学城、崇明区西部实验中学、上海外国语大学周边，占比为 30%左右；这些区域主要是依托于大学城的分布，也是所在区的中心城镇，经济较区域边缘地区更为发达，人口密集。核密度值最低的区域主要集中在远郊区的边缘地区，占比为 25%左右，主要是由于该区域交通通达度不高，人口稀疏，教育基础设施分布较少。

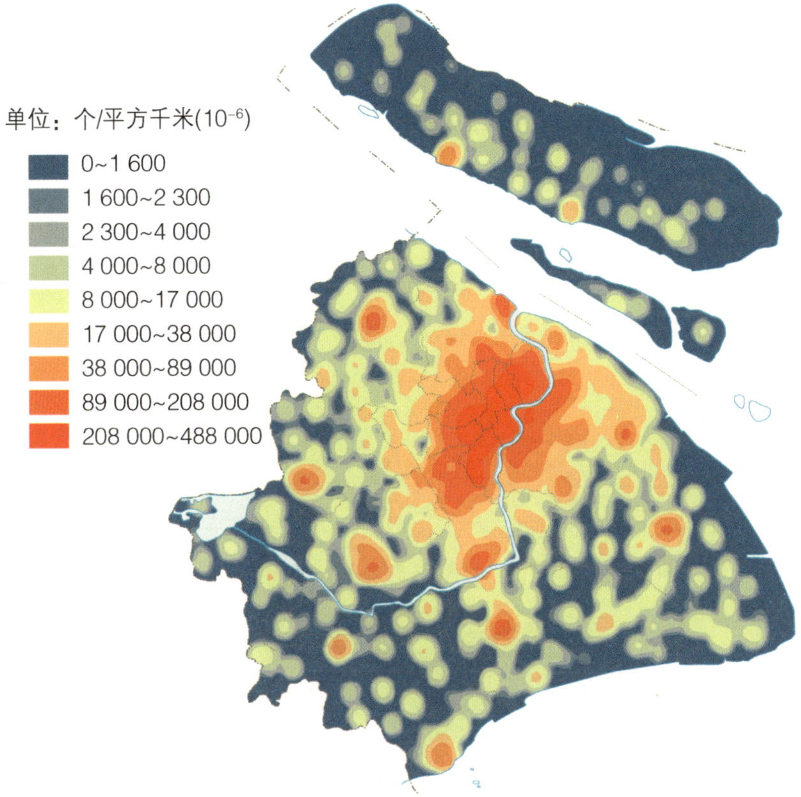

图 6－1 教育基础设施核密度分析结果

进一步地，本书将尺度扩展到教育资源分布集中的上海外环线以内的区域进行研究。从图 6－2 大致可以看出，大部分小学分布于内环线以内。

从图 6－3 可以看出，内环内大部分区域的点密度值大于 15，处于更核心的区域甚至超过 25，中环和内环之间为 5～15，外环和中环之间低于 5，内、中、外环之间呈现依次下降的趋势。核密度分析的结果则更为细致，高值呈现在点状周围分布的特征，由于考虑了居民对小学教学质量优劣的打分数据（0～10 分），在中心城区甚至出现核密度值超过 180 的地区，而在中环和外环之间、内环和中环之间核密度值甚至不如点密度值。

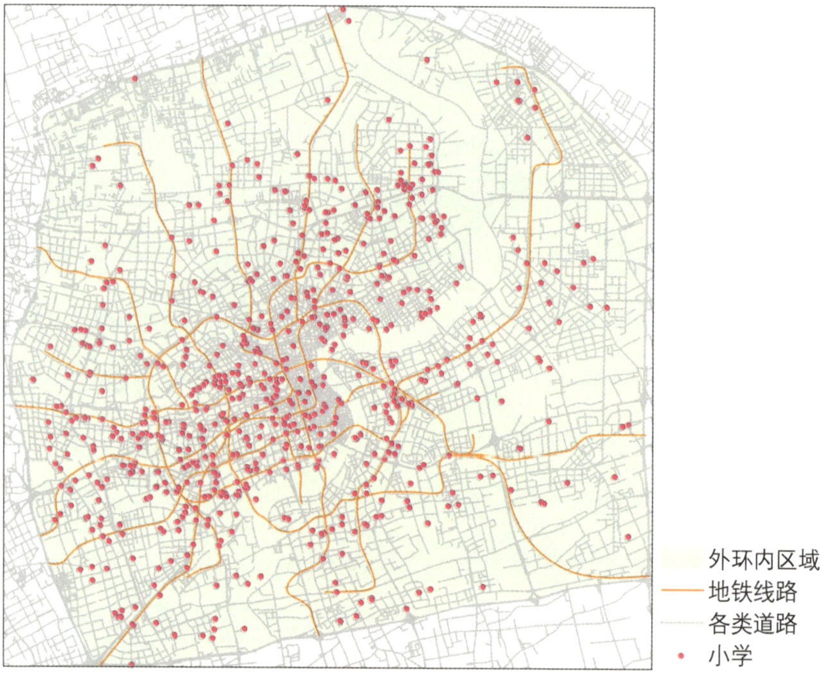

图 6－2　上海市外环线以内小学的位置分布图

(a)

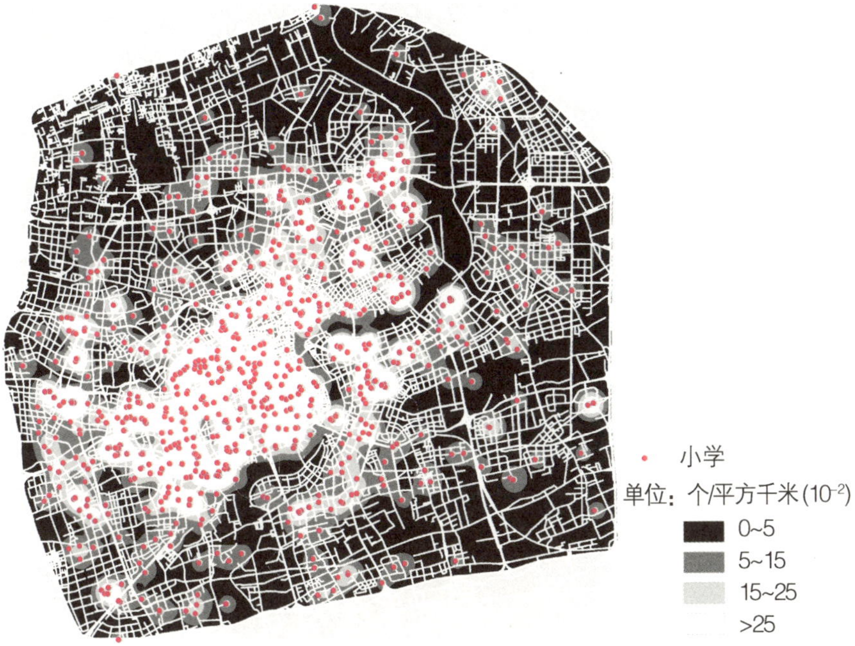

（b）

（a）点密度分析结果；（b）核密度分析结果。

图 6-3　上海市外环线以内小学的核密度分析结果

这说明考虑学校的教学质量优劣之后，区域间的差距变得更大。点密度分析由于只考虑学校的区位因素，难以真正识别城区内教育资源的分布不均等问题；而核密度分析由于可以综合考虑学校质量和区位因素，其分析结果更符合现实情况。

二、医疗服务设施的核密度分析

医疗服务设施作为公共服务设施的一个重要组成部分，其在空间中的分布以及可达性直接影响居民去往医院的机会和方便程度，从而最终影响居民日常生活的质量。核密度分析结果（见图 6-4）表明，医疗服务设施的空间差异明显。首先，在区域差异上，中心城区的核密度值较郊区的核密度值大，说明中心城区的医疗服务设施的分布较为密集，近郊区和远郊区的分布较为稀疏。其次，从最高一级核密度的分布来看，中心城区的黄浦区、虹口区和杨浦区的分布较多，占比在80%以上；静安区分布较少，占比为50%以上；徐汇区和普陀区的分布占比为40%左右；长宁区、闵行区、嘉定区和浦东新区的占比为30%左右；青浦区、松江区、金山区和奉贤区分布数量较少，占比为4%~6%。中心城区的集聚现象明显，其次是在嘉定区、宝山区、闵行区和浦东新区的西北部存在核心集聚区域。

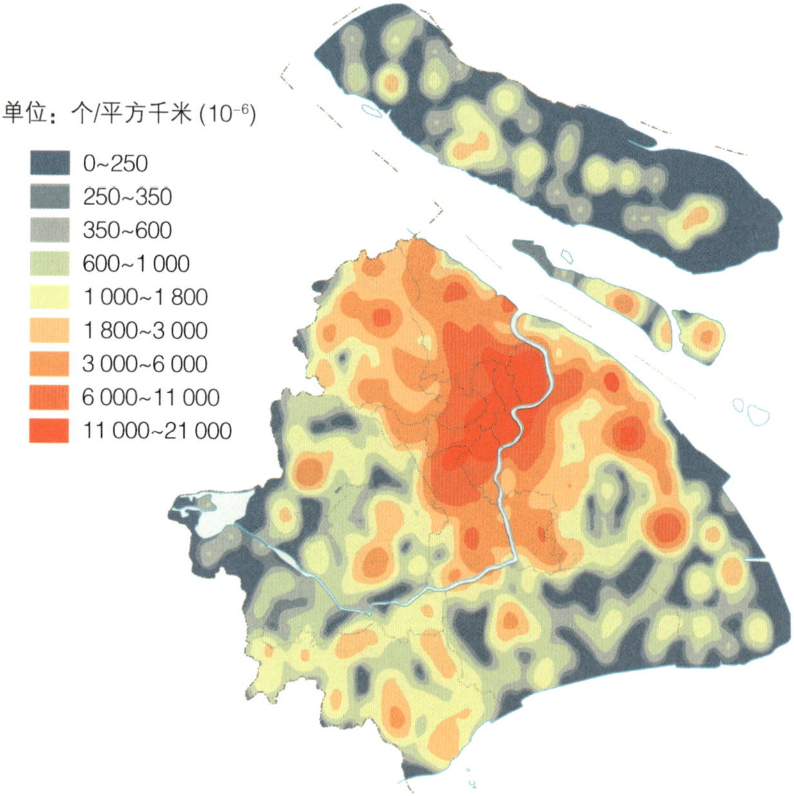

图6-4　医疗卫生服务设施核密度分析结果

三、文化服务设施的核密度分析

党的十九大以来，我国一直强调提高文化软实力，但文化软实力的提高不仅需要在制度、精神层面上不断改善，还需要在基础服务设施上为人们提供硬性的服务，合理规划文化服务设施在空间上的格局，使居民能够公平地享受优质的公共文化服务。

文化服务设施的核密度分析结果（见图 6－5）表明，文化服务设施核密度值最高的区域在中心城区，核密度一级的区域在黄浦区（该区有上海博物馆），占比超过 90%；其次是静安区和徐汇区，占比为 80% 左右；最后是杨浦区、虹口区、普陀区、长宁区，占比达到 50%。这主要是由于博物馆、图书馆以及一些高校图书馆和文化活动中心都集中在这些区域。近郊区核密度值最高的区域在浦东新区和嘉定区，宝山区次之。远郊区核密度值较高的区域多分布于中心城镇以及一些高校附近。近郊区核密度值总体上比远郊区高，整体上都是零星点状分布，这主要是由于近郊区比远郊区人口密度大、小区分布多，大部分社区文化中心主要是在居民小区内集聚。

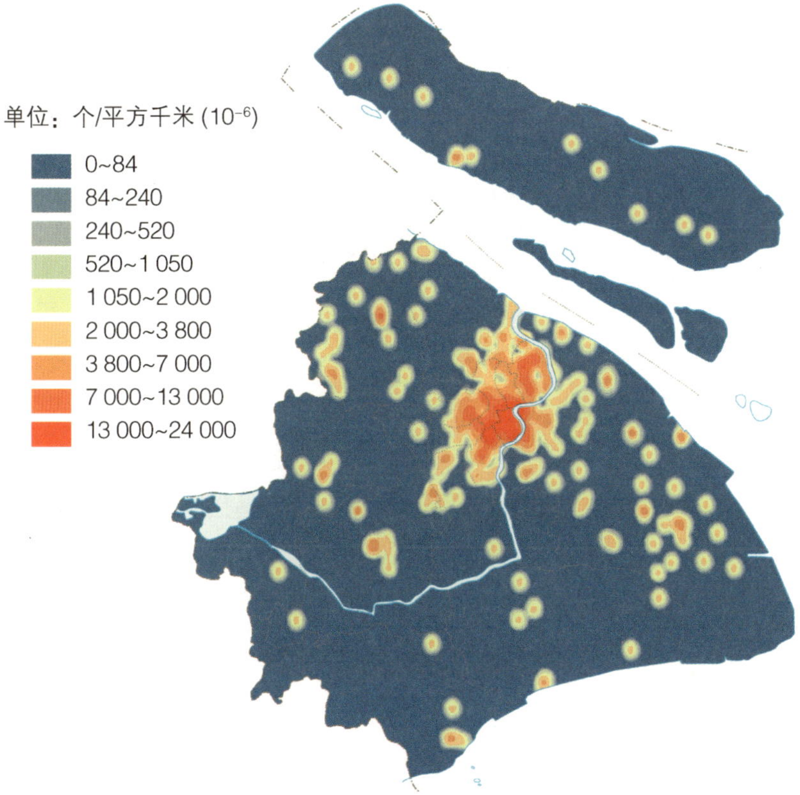

图 6－5　文化服务设施核密度分析结果

四、生活服务设施的核密度分析

食、住、行、游、购、娱以及其他基本服务是居民日常生活中必不可少的项目，是人民生活的基本保障，生活服务设施的合理的空间布局有利于提高居民生活水平，改善生活质量。核密度分析结果表明（见图6－6），上海市生活设施整体上区域差异明显，自各集聚中心点向外圈层递减。核密度值最高的区域是在中心城区，集聚规模最大；次级集聚区域主要集中在嘉定镇、青浦镇、松江镇、朱泾镇、南桥镇、惠南镇等；核密度值最低的区域集中在远郊区的边缘区域；近郊区的核密度值以及集聚规模都比远郊区大。

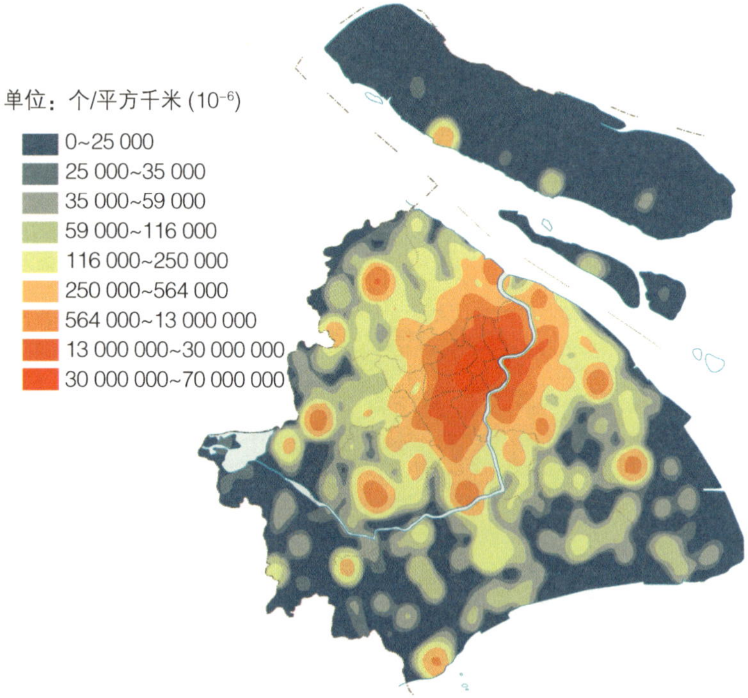

图6－6　生活基础服务设施核密度分析结果

五、生态环境服务设施的核密度分析

生态环境能够影响人类的生存和发展，是影响社会经济持续健康发展的关键。城市公园和绿地是城市绿化美化、改善生态环境的重要载体，合理布局公园、绿地能够为居民提供良好的生活、休闲环境，提高人们的生活品质。核密度分析结果表明（见图6－7），生态环境服务设施整体上呈“点状”集聚分布，整体区域差异不大。分布最集聚的区域主要在黄浦区和虹口区，其次是徐汇区，主要是由于这些区域的人造公园较多。各个行政区域都存在大型的公园和绿地，比如崇明区（崇明岛国家地质公园）、松江区（上海辰山植物园）、嘉定区（古猗园）、杨浦区（上海共青国家森林公园）、浦东新区（上海滨江森林公园）、宝山区（顾村公园和吴淞炮台湾湿地森林公园）、普陀区（长风公园）、金山区（上海滨海公园）等。

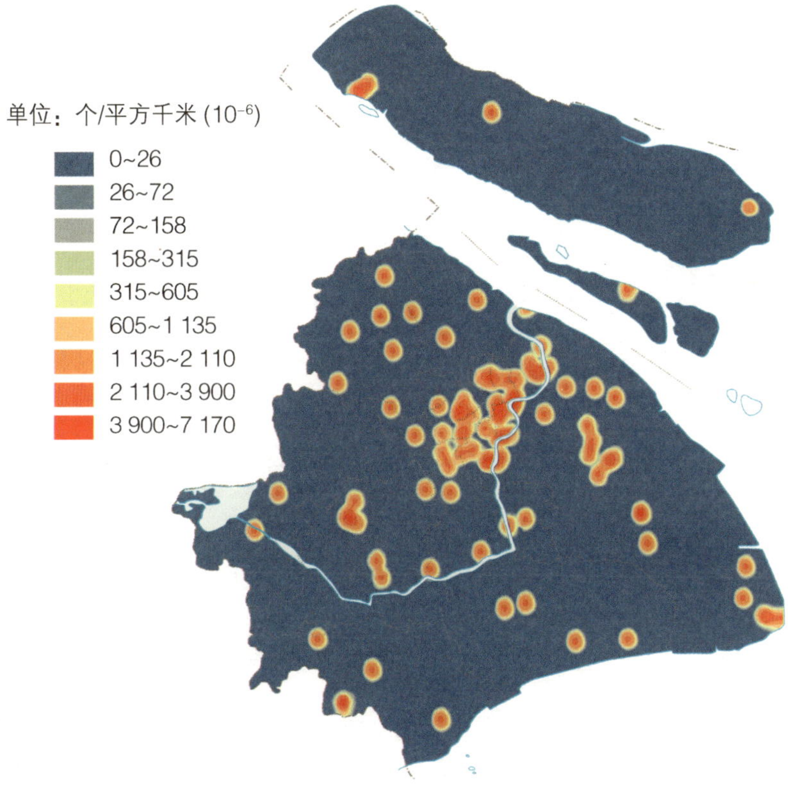

图6－7　生态环境服务设施核密度分析结果

六、社会保障服务设施的核密度分析

社会保障是促进社会公平的平衡器，建立健全同经济水平相适应的社会保障制度是深化经济体制改革、完善社会主义市场经济的重要内容，提供充足的社会保障服务是促进城市健康稳定发展的重要保证。因此，合理布局城市社会保障服务设施，有利于促进城市稳定与和谐发展。核密度分析结果表明（见图 6-8），社会保障服务设施的布局整体呈圈层结构自中心城区向外递减，中心城区与郊区的区域差异较大。核密度值最高的区域主要集聚在中心城区，同时中心城区集聚特征也存在明显的差异，杨浦区的核密度值最高，集聚现象明显，其次是虹口区；中心城区核密度最低、集聚现象不明显的区域主要在长宁区。核密度值最低的区域主要集中在奉贤区、金山区、青浦区和松江区等远郊区。

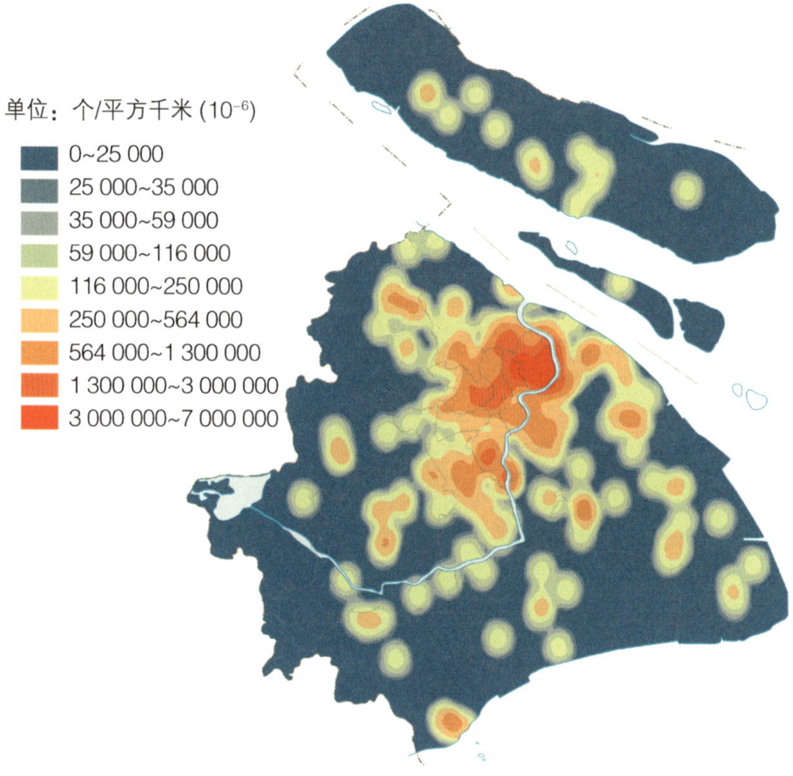

图 6-8　社会保障服务设施核密度分析结果

第二节　公共服务设施的人口配套性指数

一、教育服务设施的人口配套性指数

在上一节核密度分析的基础上，本节通过矢量化各个集聚中心的边界，再结合GIS的空间分区统计的方法，计算各个集聚区域内的基础教育设施的平均核密度值，并以该值为计算标准，对各集聚中心点进行分类［见图6-9（a）］。结果显示：上海市教育服务设施的中心点被分为四个等级：一级中心点有1个，位于中心城区；二级中心点有4个，位于嘉定区（嘉定大学城）、宝山区（宝山区上海大学周边）、闵行区（闵行大学城）、奉贤区（奉贤大学城）；三级中心点有6个，分别位于浦东新区（南汇大学城和金桥大学城）、松江区（松江大学城）、闵行区（浦江镇）、青浦区（青浦新城）、崇明区（城桥镇）；四级中心点有4个，分别位于浦东新区（高桥镇和花木镇）、金山区（山阳镇和朱泾镇）。

以各集聚中心点为控制点，进一步通过泰森多边形划分法，得到各基础教育服务设施的服务范围［见图6-9（a）］。以核密度分析图为基础，画出各集聚区域的边界，借助GIS工具找出各个集聚区域的中心点，并结合这些点创建教育服务设施的泰森多边形。每个泰森多边形的内部只有一个中心点，泰森多边形内任意点到中心点的距离都是最近的。一级中心点形成的泰森多边形主要位于中心城区，服务等级最高，其面积达278.65平方千米；二级中心点形成的泰森多边形主要覆盖嘉定区、宝山区、闵行区和奉贤区，其总面积达到1 873.33平方千米；三级中心点形成的泰森多边形主要包括浦东新区、青浦区、崇明区和闵行区，包含区域最大，其总面积达到2 782.46平方千米；四级中心点形成的泰森多边形主要包括金山区和浦东新区，其总面积达到1 503.19平方千米。

基于创建的泰森多边形，形成15个多边形，结合上海市人口密度，计算15个多边形区域的人口比重和教育服务设施占全类基础服务设施的比重，得出每个多边形区域教育服务设施的人口配套性指数［见图6-

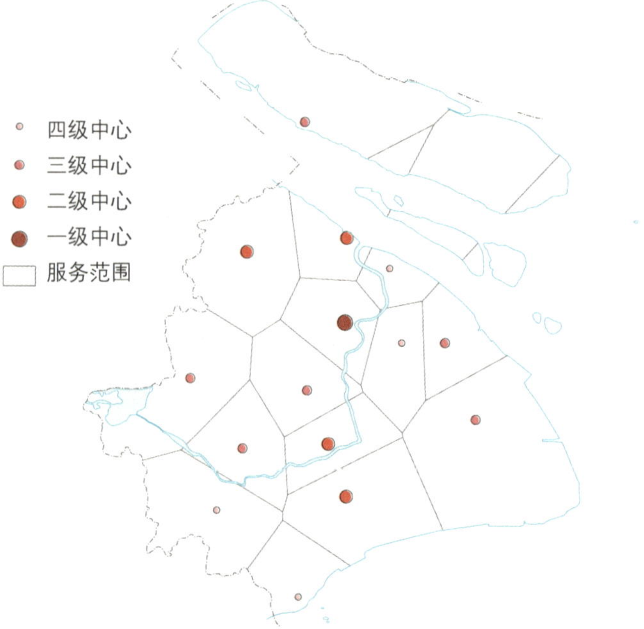

(a)

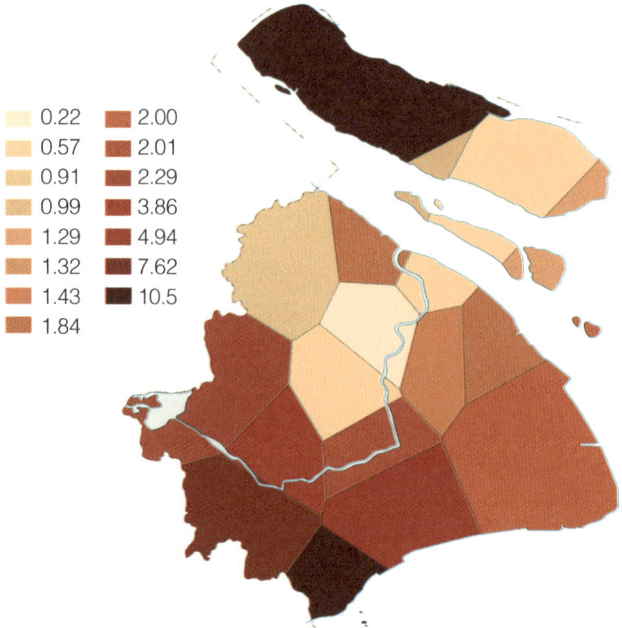

(b)

(a) 教育服务设施集聚中心点及泰森多边形；(b) 教育服务设施人口配套性指数。

图 6-9　教育服务设施人口配套性指数

9（b）]。研究结果表明，教育服务设施的人口配套性指数大于1的区域有11个，主要分布在远郊区和近郊区，表明这些区域的教育服务设施与人口有较好的配套性；同时，由于这些区域人口密度较低，POI数据占全类POI数据的比重较低。基础教育设施的人口配套性指数小于1的区域有4个，这些区域基础设施与人口配套性较差，主要分布在中心城区、宝山区和崇明区的北部，该区域人口较多，面积较小，教育服务设施分布密集。

二、医疗服务设施的人口配套性指数

在核密度分析的基础上，本研究通过矢量化各个集聚中心的边界，再结合GIS的空间分区统计工具，计算各个集聚区域内的医疗服务设施的平均核密度值，并以平均核密度值为计算标准，对各集聚中心点进行分类［见图6－10（a）］。上海市医疗服务中心被分为五个等级，一级中心点有1个，分布在中心城区；二级中心点有1个，分布在浦东新区的西北部（上海长征医院、同济大学附属同济医院、上海市东方医院等集聚区域）；三级中心点有1个，主要在浦东新区（上海市浦东医院）；四级中心点有3个，主要分布在闵行区（闵行区中心医院、上海市第五人民医院）、嘉定区（上海交通大学医学院附属瑞金医院）、宝山区（上海宝山区中西医结合医院、复旦大学附属华山医院北院和上海中医药大学附属曙光医院宝山分院）；五级中心点有5个，主要分布在青浦区（复旦大学附属中山医院青浦分院）、金山区（上海市公共卫生临床中心）、松江区（上海市松江区中心医院、上海市松江区妇幼保健院和上海市阳光康复中心）、奉贤区（上海市奉贤区中心医院）和崇明区。

以各集聚中心点为控制点，进一步通过泰森多边形划分法，得到各医疗服务设施的服务范围［见图6－10（a）］。一级中心点形成的泰森多边形主要分布在中心城区，总面积达到546.45平方千米；二级中心点形成的泰森多边形主要分布在浦东新区西北部，总面积达到366.10千米平方；三级中心点形成的泰森多边形主要分布在浦东新区东南部，总面积达到636.56平方千米；四级中心点形成的泰森多边形主要分布在宝山区、嘉定区、闵行区和崇明区的北部，总面积达到 2 163.4 平方千米；五级中心点形成的泰森多边形主要分布在青浦区、松江区、金山区、奉贤区以及浦东新区东北角和崇明区的北部组成的区域，总面积达到 3 088.69 平方千米。

基于创建的泰森多边形，形成 11 个多边形，结合上海市人口密度和全类基础服务设施的 POI 数据，探讨每个多边形区域内的医疗服务设施人口配套性指数。通过计算 11 个多边形区域的人口比重和医疗服务设施占全类基础服务设施的比重，计算出医疗服务设施的人口配套性指数［见图 6－10（b）］。研究结果表明，医疗服务设施的人口配套性指数大于 1 的区域只有一个，在金山区，医疗配套性指数达到 1.407，主要是由于该区人口密度低，POI 数据占全类 POI 数据比重较低，因此该区基于人口的配套服务性较好。中心城区卫生医疗服务设施的人口配套性指数较低，医疗配套性指数只有 0.011，主要是由于该区域人口密集，人口密度大，医疗服务设施的供给和居民的需求矛盾较大。

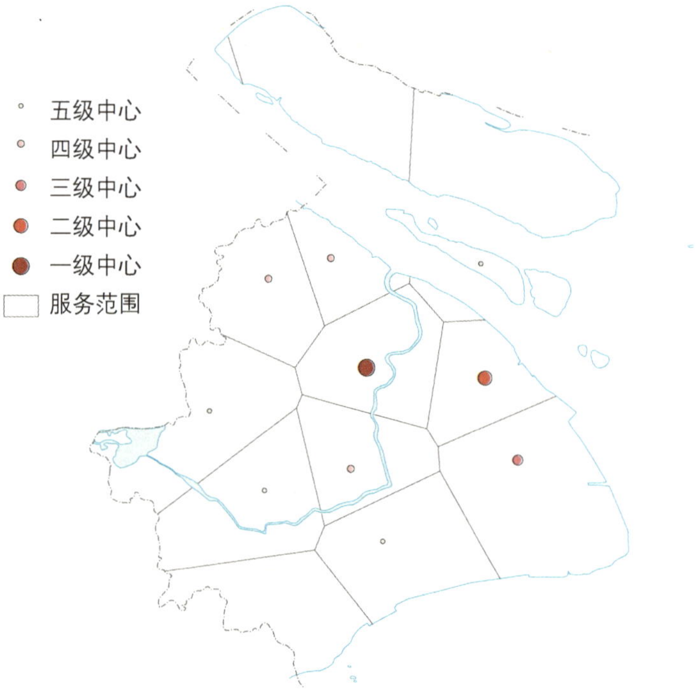

（a）

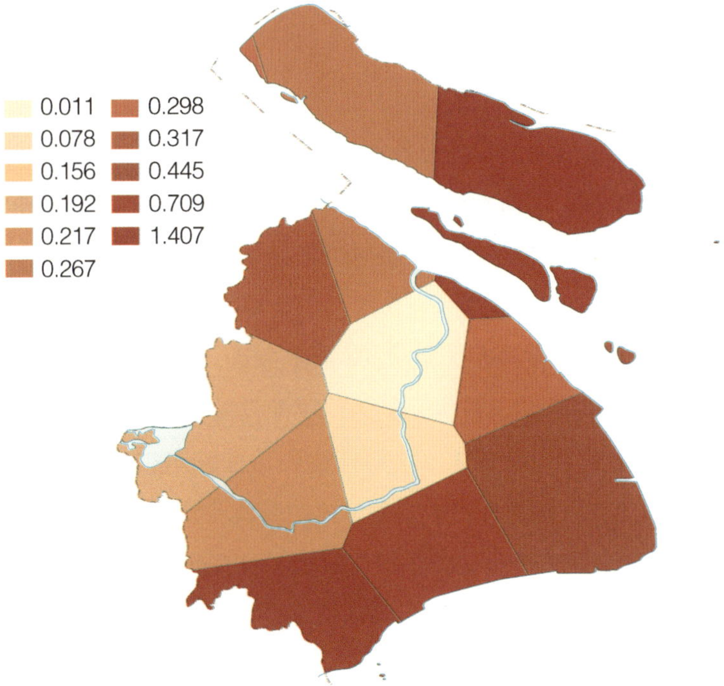

(b)

(a) 医疗服务设施集聚中心点及泰森多边形；(b) 医疗服务设施人口配套性指数。

图 6-10　医疗服务设施人口配套性指数

三、文化服务设施的人口配套性指数

在核密度分析的基础上，通过矢量化各个集聚中心的边界，再结合空间分区统计，计算各个集聚区域内的文化服务设施的平均核密度值，并以平均核密度值为计算标准，对各集聚中心点进行分类［见图 6-11 (a)］。上海市文化服务设施中心被分为三个等级：一级中心点有 1 个，分布在中心城区；二级中心点有 1 个，分布在杨浦区、宝山区（复旦大学邯郸校区图书馆、同济大学博物馆）；三级中心点有 8 个，分布在嘉定区（嘉定博物馆、安亭镇图书馆）、浦东新区（上海金融学院博物馆、南汇博物馆）、青浦区（青浦图书馆）、松江区（松江大学城附近文化中心和高校图书馆）、金山区（金山区博物馆）、闵行区（高校附近和闵行区博物馆）。

以各集聚中心点为控制点，进一步通过泰森多边形划分法，得到各文化服务设施的服务范围［见图 6－11（a）］。一级中心点形成的泰森多边形主要包括中心城区和浦东新区的西北部区域，总面积达到 360.6 平方千米；二级中心点形成的泰森多边形主要在杨浦区和宝山区、浦东新区以及崇明区的部分区域，总面积达到 529.59 平方千米；三级中心点形成的泰森多边形主要覆盖嘉定区、浦东新区、青浦区、松江区、闵行区、崇明区，总面积达到 5 547.54 平方千米。

基于创建的泰森多边形，形成 10 个多边形，结合上海市人口密度，计算 10 个多边形区域的人口比重和文化服务设施占全类基础服务设施的比重，得出文化服务设施的人口配套性指数［见图 6－11（b）］。研究结果表明，上海市文化服务配套性指数整体的区域差异不大，指数值都没有超过标准值 1，文化服务设施的供需矛盾较大。文化服务设施的人口配套性指数值最高的区域在嘉定区和青浦区交会处形成的三级中心点区域，文

(a)

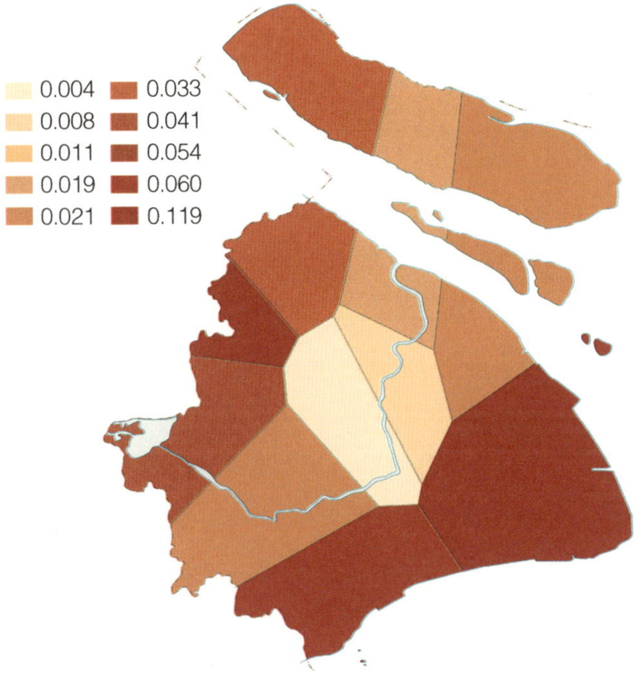

(b)

(a) 文化服务设施集聚中心点及泰森多边形；(b) 文化服务设施人口配套性指数。

图 6－11　文化服务设施人口配套性指数

化服务设施的人口配套性指数达到 0.119；其次是在浦东新区（三级中心——南汇图书馆形成的泰森多边形），文化服务设施的人口配套性指数达到 0.060。这主要是由于这些区域人口密度低，文化服务设施占全类服务设施比重较低。配套性指数最低的区域是在闵行区（三级中心——与徐汇区和长宁区交会形成的区域），文化服务设施的人口配套性指数只有 0.004；而中心城区配套性指数是 0.008。这主要是由于这些区域人口密度大，小区分布密集，人均社区文化活动中心较少。

四、生活服务设施的人口配套性指数

在核密度分析的基础上，计算各个集聚区域内的生活服务设施的平均核密度值，并以平均核密度值为计算标准，对各集聚中心点进行分类［见图 6－12（a)］。上海市生活服务设施共分为两个等级：一级中心点有 2

个，主要集中在中心城区和嘉定区；二级中心点有 7 个，分布在宝山区、浦东新区、青浦区、松江区、金山区、闵行区、奉贤区。

以各集聚中心点为控制点，进一步通过泰森多边形划分法，得到生活服务设施的服务范围 [见图 6 - 12 (a)]。一级中心点形成的区域主要在中心城区、嘉定区以及崇明区的北部区域，总面积达到 938.14 平方千米；二级中心点形成的区域主要集中在近郊和远郊区域，总面积达到 4 850.94 平方千米。

基于创建的泰森多边形，形成 9 个多边形，结合上海市人口密度和生活服务设施的 POI 数据，探讨每个多边形区域内的生活服务设施人口配套性指数。通过计算 9 个多边形区域的人口比重及生活服务设施占全类基础服务设施的比重，计算出生活服务设施的人口配套性指数 [见图 6 - 12 (b)]。研究发现，生活服务设施的人口配套性指数所有区域的指数值都大于 1，表明生活服务设施与人口的匹配状况较好，这主要是由于生活服

(a)

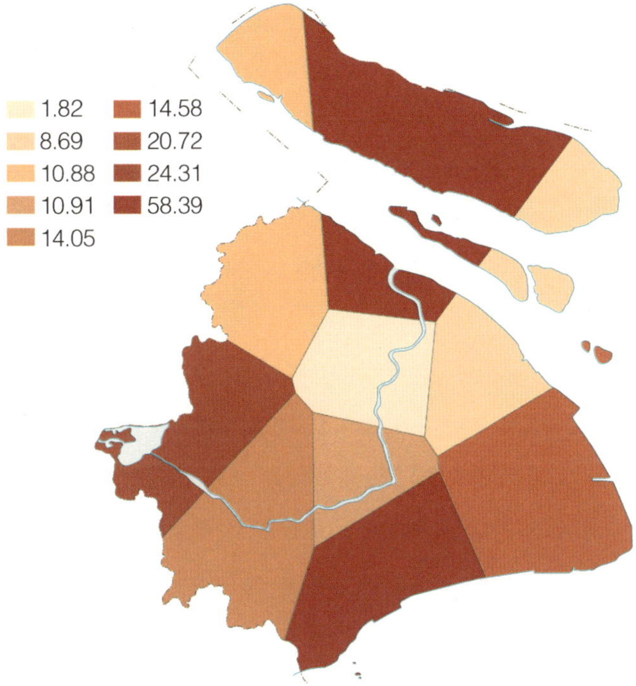

(b)

(a) 生活服务设施集聚中心点及泰森多边形；(b) 生活服务设施人口配套性指数。

图 6-12　生活服务设施人口配套性指数

务设施分布均匀，包含的种类较多，但是区域的差异较为明显。配套性指数最低的区域在一级中心点的中心城区，指数值是 1.816，主要是由于该区域人口密集，区域面积较小；较低的区域是在浦东新区和崇明区结合的二级中心点区域，配套性指数值是 8.685，主要是由于该区域的生活基础设施和人口分布较为均衡，导致配套性指数不高；配套性指数最高的区域主要集中在宝山区和崇明区结合的二级中心点区域，配套性指数值达到了 58.39，主要是由于该区域的生活服务设施分布较多，人口较少，从而使得生活服务设施与人口的匹配达到了较好的状态。

五、生态环境服务设施的人口配套性指数

在核密度分析的基础上，计算各个集聚区域内的生态环境服务设施的

平均核密度值，并以平均核密度值为计算标准，对各集聚中心点进行分类［见图 6－13（a）］。上海市生态环境服务设施共分为三个等级：一级中心点有 1 个，分布在中心城区和宝山区，该区域人工公园分布较多（上海植物园、人民公园等）；二级中心点有 3 个，分布在浦东新区、青浦区和松江区（上海野生动物园、滨江大道）；三级中心点有 4 个，分布在崇明区（崇明岛国家地质公园附近）、嘉定区（南翔镇附近）、金山区（上海滨海公园）、奉贤区（上海申隆生态园）。

以各集聚中心点为控制点，进一步通过泰森多边形划分法，得到生态环境服务设施的服务范围［见图 6－13（a）］。一级中心点形成的泰森多边形包括中心城区、宝山区和崇明区的部分区域，总面积达到 776.98 平方千米；二级中心点形成的泰森多边形包括浦东新区和崇明区形成的 2 个区域以及青浦区和松江区形成的 1 个区域，总面积达到 2 803.24 平方千米；三级中心点形成的区域包括崇明区北部、嘉定区、金山区、奉贤区和闵行区组成的区域，总面积达到 2 857.41 平方千米。

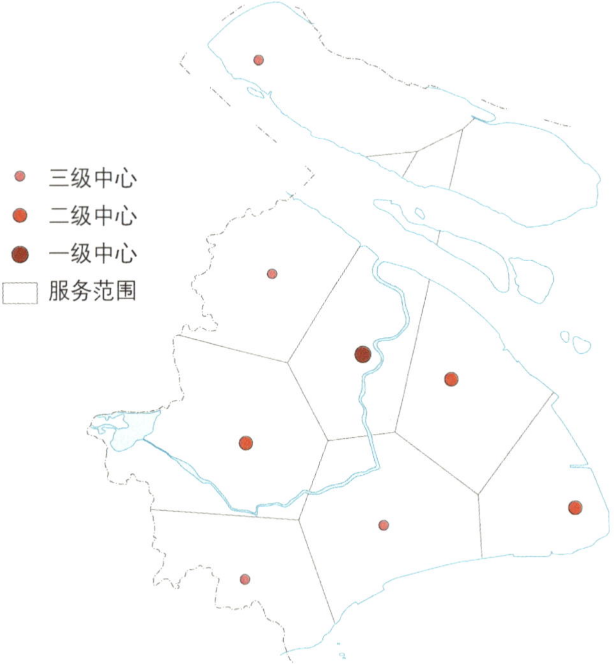

（a）

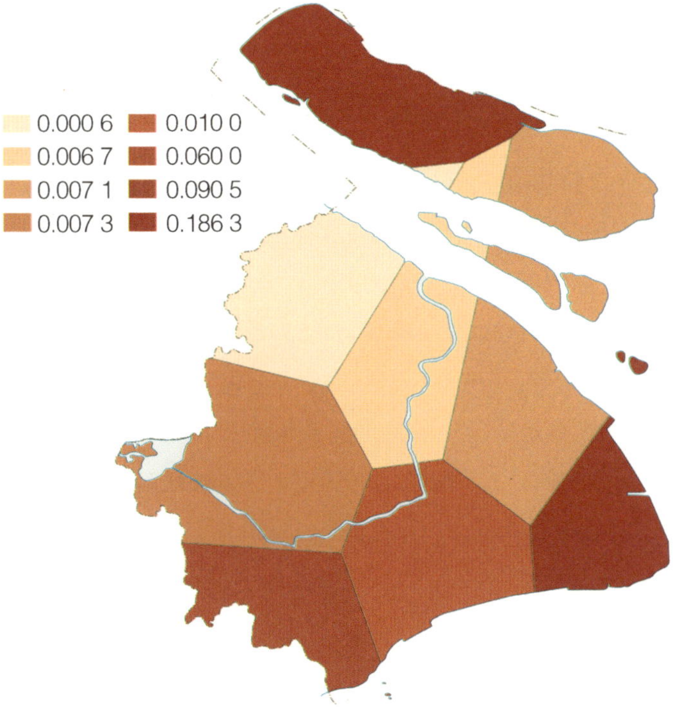

(b)

(a) 生态环境服务设施集聚中心点及泰森多边形；(b) 生态环境服务设施人口配套性指数。

图 6-13 生态环境服务设施人口配套性指数

基于创建的泰森多边形，形成 8 个多边形，结合上海市人口密度和全类基础服务设施的 POI 数据，计算 8 个多边形区域的人口比重和生态环境服务设施占全类基础服务设施的比重，得出生态环境服务设施的人口配套性指数［见图 6-13（b）］。研究发现，上海生态环境服务设施的人口配套性指数整体都小于 1，同时各区域间的配套性指数差距很明显，主要表现在指数最大值和最小值之间。生态环境服务设施的人口配套性指数值最大的区域是在崇明区的北部（崇明中心城镇城桥镇区域），指数值是 0.186 3，其次是在浦东新区（上海滴水湖公园区域），指数值达到 0.090 5；生态环境服务设施的人口配套性指数值最小的区域是在中心城区和宝山区形成的区域，配套性指数值为 0.000 6，主要是由于公园绿地的建设占据面积相对较大，而这些区域整体面积较小，人口较多。

六、社会保障服务设施的人口配套性指数

在核密度分析的基础上，计算各个集聚区域内的社会保障服务设施的平均核密度值，并以平均核密度值为计算标准，对各集聚中心点进行分类［见图 6－14（a）］。上海市社会保障服务设施共分为三个等级：一级中心点有 1 个，分布在宝山区；二级中心点有 2 个，分布在中心城区和闵行区；三级中心点有 6 个，分布在浦东新区（上海洪川养老院、白金养老院、下沙敬老院）、嘉定区（上海嘉定区新成路街道社会福利院、上海颐康家园养老院）、青浦区（上海中福会养老院）、松江区（松江社会福利院）、奉贤区（上海明馨艺术养老院）、金山区（金山区第一社会福利院）。

以各集聚中心点为控制点，进一步通过泰森多边形划分法，得到社会保障服务设施的服务范围［见图 6－14（a）］。以一级中心点形成的泰森多边形，包括宝山区、杨浦区和崇明区的中部地区，总面积达到 750.55 平方千米；以二级中心点形成的 2 个泰森多边形，包括中心城区和闵行区，总面积达到 609.75 平方千米；以三级中心点形成的 7 个泰森多边形，包括浦东新区、嘉定区、青浦区、松江区、奉贤区、金山区和崇明区部分地区，总面积达到 5 077.34 平方千米。

基于创建的泰森多边形，形成 10 个多边形，结合上海市人口密度和全类基础服务设施的 POI 数据，计算 10 个多边形区域的人口比重和社会保障服务设施占全类基础服务设施的比重，得出社会保障服务设施的人口配套性指数［见图 6－14（b）］。结果表明，社会保障服务设施的人口配套性指数整体都小于 1，各区域之间的差异不是很明显；配套性指数最高的区域主要是围绕三级中心形成的泰森多边形区域（金山区），指数值达到了 0.115；配套性指数最低的区域是围绕二级中心形成的区域（中心城区和闵行区），指数值是 0.005 和 0.007。

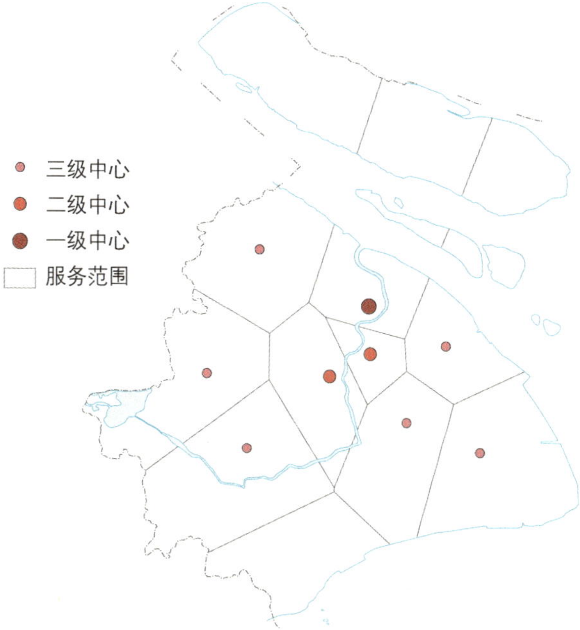

（a）

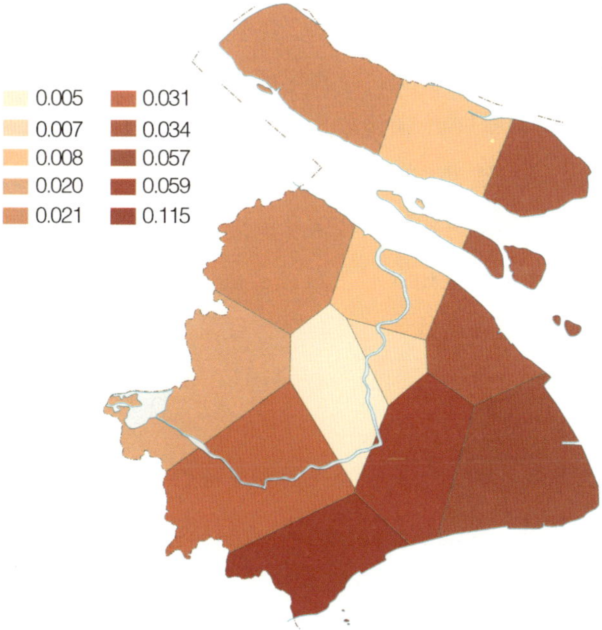

（b）

（a）社会保障服务设施集聚中心点及泰森多边形；（b）社会保障服务设施人口配套性指数。

图 6－14　社会保障服务设施人口配套性指数

第三节 本章小结

本章主要是对各类基本公共服务的空间分布集聚特征及服务范围进行分析，得到如下结论：

（1）运用核密度对上海市各类基本公共服务设施进行分析发现，教育服务设施、医疗服务设施、生活服务设施的区域差异明显，自各集聚中心点向外圈层递减的趋势，且在空间分布上已经初步形成多个集聚中心点；社会保障服务设施在中心城区有明显的集聚特征，但在近郊区和远郊区的集聚特征不显著；文化服务设施和生态环境服务设施呈现明显的“点状”特征，区域间的差异不显著，这主要是由于设施点分布较稀疏。

（2）各类基本公共服务设施在各个区县之间的核密度差异显著。在教育服务设施的分布上，核密度值最高的区域在中心城区，核密度值最低的区域有 2 个（金山区、崇明区）。在医疗卫生服务设施的分布上，核密度值最高的区域在中心城区、宝山区、嘉定区，核密度值最低的区域有 3 个（崇明区、青浦区、奉贤区）。在文化服务设施的分布上，核密度值最高的区域有 3 个（静安区、黄浦区、徐汇区），核密度值最低的区域主要在远郊区。在生活服务设施的分布上，核密度值最高的区域在中心城区，核密度值最低的区域有 3 个（金山区、奉贤区、崇明区）。在生态环境服务设施的分布上，没有明显的高低值区域。在社会保障服务设施的分布上，核密度值最高的区域有 2 个（杨浦区、虹口区），核密度值最低的区域主要在远郊区。

（3）各类公共服务设施集聚中心点的服务范围有明显的等级差异。其中，一级中心点的服务能力较强，二级中心点次之。教育服务、医疗卫生服务、文化服务、生态环境服务、社会保障服务设施只有 1 个一级中心点，且都在中心城区；但是生活基础服务设施有 2 个一级中心点，分布在中心城区和嘉定区。各类基本公共服务一级中心点服务的辐射范围分别是：生活服务设施>生态环境服务设施>社会保障服务设施>医疗服务设施>

文化服务设施>教育服务设施。这主要是由于生活服务设施分布密集且广泛，区域间的差异小，因而服务辐射范围大；教育服务设施由于受到区域的限制，因而服务范围被限制在一定区域内，服务辐射范围小，其中二级中心点多为该行政区域内的中心城镇区域。

第七章 城市基本公共服务的影响因素及典型案例分析

第一节 基本公共服务空间可达性的影响因素分析

在研究基本公共服务设施平均可达性的过程中，采用相关分析法探讨基本公共服务设施的平均可达性时间分别和人均收入、人均 GDP、年末常住人口、人均固定资产、人均财政支出之间的相关性关系，使用 Pearson 相关系数表示相关关系的强弱情况，结果如表 7-1 所示。

表 7-1 上海市基本公共服务设施的相关性分析

影响因素	上海市基本公共服务设施相关性系数
人均收入/元	-0.952**
人均 GDP/元	-0.489
年末常住人口/万人	0.161
人均固定资产/元	0.688**
人均财政支出/元	0.016

注：** $P<0.01$。

从表 7-1 可知，总体平均可达性时间和人均收入之间的相关系数值为-0.952，与人均固定资产之间的相关系数值为 0.688，说明总体平均可达性和人均收入之间有着显著的负相关关系、与人均固定资产之间有着显著的正相关关系。总体平均可达性时间和人均 GDP 之间的相关系数值为-0.489，与年末常住人口之间的相关系数值为 0.161，与人均财政支出之间的相关系数值为0.016，均不显著，因而说明总体平均可达性时间与人均GDP、年末常住人口、人均财政支出之间并没有相关关系。因此，各类公共服务的平均可达性时间均与人均收入呈显著的负相关（人均收入越高，可达性水平越高）；然而与人均固定资产呈正相关（人均固定资产越高，可达性水平越低）。这可能是由于人均固定资产的增长，反而导致基本公共服务财政支出不足，经济发展成果没有转化成大众福利。

经济因素对各类基本公共服务设施的可达性的影响是非常显著的，提高居民的人均收入，加大政府财政投入的均衡性是提高基本公共服务质量和保障居民平等享受权利的关键。其中，人口、环境、文化、政策、交通对基本公共服务质量的提升也具有重要的作用。比如，在一些高校人才集聚的区域，文化和教育服务设施的布局密集，交通便利；环境优美的区域社会保障服务设施和生态环境服务设施的布局相对较多，国家“十三五”规划、改革开放等政策，对于提高和完善基本公共服务建设具有积极的推动作用。

政府在基本公共服务上的财政支出进一步影响了上海市基本公共服务设施的集聚和布局。上海市各区政府在基本公共服务上的投入有明显的区域差异（见表7-2）。研究发现，在医疗服务方面，政府在中心城区的财政投入最大，总投入占比42.7%左右；近郊区财政投入最少，占比14.2%；远郊区的财政投入在不断增加，占比达到25.3%，这主要是由于目前三级医院在远郊区域不断得到扩建。在教育和文化财政投入上，中心城区的投入力度最大，占比为50%以上；远郊区投入最少，这主要是由于中心城区人口较多，对教育和文化服务的需求较多。在社会保障服务方面，财政投入最多的是近、远郊区域，这与可达性的研究结果比较符合，养老院、福利院占地面积大，近、远郊区域在面积和环境方面有一定优势，因此财政投入较多。

基本公共服务面向广大的消费群体。由于中心城区房价的上涨，以及中心城区的人均收入可观，越来越多的居民选择在中心城区工作，而在距离中心城区不远的近郊区居住（见图7-1）。上述可达性的研究表明，教育、医疗、生活服务设施在近郊区的可达性较高，能够满足一般的公共

表 7－2　2018 年上海市各区政府对基本公共服务的投入状况

单位：亿元

	浦东新区	黄浦区	徐汇区	长宁区	静安区	普陀区	虹口区	杨浦区	闵行区	宝山区	嘉定区	金山区	松江区	青浦区	奉贤区	崇明区
公共财政预算支出	1 306	280	231	192	371	204	185	231	409	302	391	242	345	334	272	267
社会保障和就业财政支出	111	23	25.4	23	30.9	30.3	19.9	28.8	51.7	34.9	30.3	21.2	37.3	25.4	16.3	27.9
文化体育和传媒财政支出	28.7	4.47	3.45	8.87	11.8	9.13	6.91	2.67	4.69	4.52	4.98	2.78	7.88	2.87	2.59	5.1
教育财政支出	122	39.2	30.9	22.2	44	31.5	29.2	30.7	60.8	49.6	39.1	27.3	41.6	26.4	28.1	21
医疗卫生支出	52.8	17.1	14.3	13	15.4	12.6	10.4	14.4	20.1	17.8	16.7	15.1	16.7	13.7	10.7	16.4

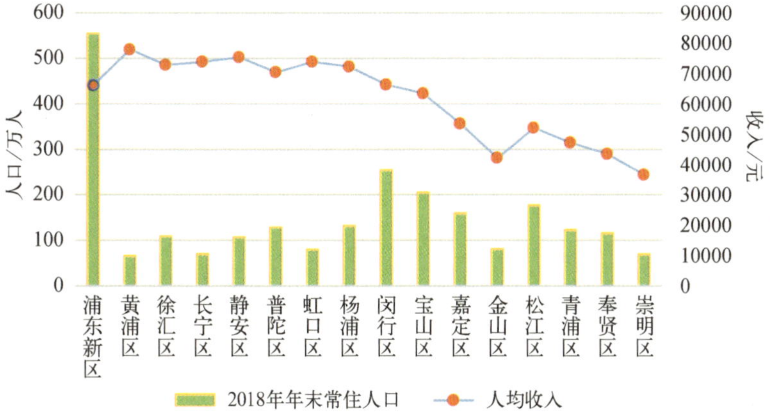

图 7-1 2018 年上海市常住人口及人均收入

服务需求。而远郊区的人口分布稀疏，人均收入较低，总体经济效益低于中心城区和近郊区，基本公共服务的投入较少，无法满足居民的需求，这是导致远郊区基本公共服务发展不足的主要原因。

第二节 城市公共服务设施发展的典型案例分析

一、上海市徐汇区

1. 徐汇区基本概况

徐汇区教育和医疗基本情况见表 7-3。

徐汇区内铁路、航道、立交、高架道路纵横交错，便捷的交通是推动区域间交流的纽带，2019 年总人口达到 109.46 万人，总 GDP 达到 2 111 亿元。近年来，徐汇区总人口呈现逐渐上升的趋势（见表 7-3）。在教育资源方面，在校学生人数逐年增加，年增长的幅度在 5%左右；专任教师人数也呈现上升趋势，增长幅度在 10%左右，说明徐汇区教师与学生的匹配状况逐渐优化。随着城市化进程的推进，徐汇区医疗资源总量呈现逐渐上升的趋势，医疗卫生资源整体投入力度也逐渐加大。

表 7-3 徐汇区教育和医疗基本统计

年份		2015	2016	2017	2018	2019
总人口/万人		108.91	108.56	108.83	108.44	109.46
在校学生数/个	幼儿园	23 198	24 153	24 760	24 490	24 718
	小学	39 514	41 067	42 470	44 212	45 724
	中学	35 472	36 540	37 344	38 764	39 808
专任教师数/个	幼儿园	1 708	1 809	1 867	1 901	1 991
	小学	2 472	2 580	2 644	2 730	2 730
	中学	4 316	4 481	4 548	4 634	4 740
医疗机构床位数/张		15 146	15 517	15 680	16 442	17 267
卫生技术人员/人		21 031	22 259	22 488	24 705	21 332
医疗机构数/个		326	344	354	351	369

2. 徐汇区基本公共服务设施的空间集聚特征

徐汇区医疗和教育服务设施在空间上的分布呈现明显的区域差异（见图 7-2）。

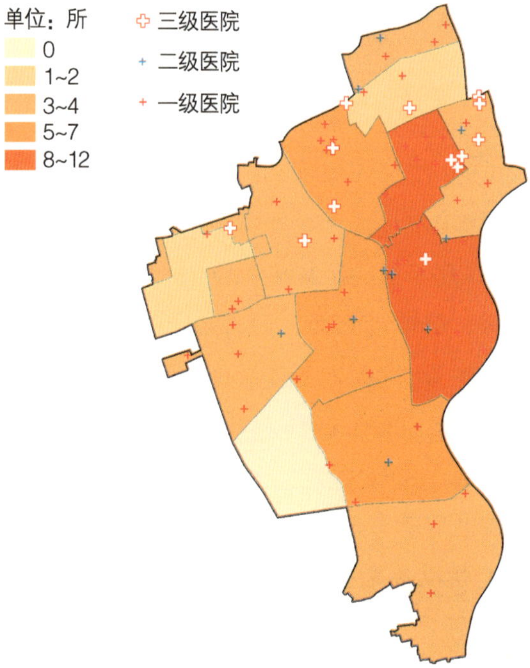

（a）

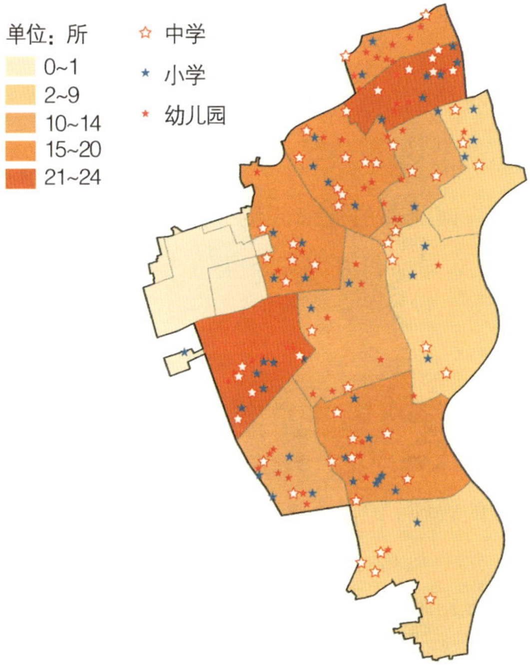

（b）

（a）医疗服务设施；（b）教育服务设施。

图 7－2　徐汇区基本公共服务设施空间统计图

基于上海市医保局医保定点医院数据的研究发现：三级医院有 13 所，且多集中在北部区域，二级医院有 10 所，一级医院有 64 所；徐汇区医疗服务设施分布最多的区域主要在枫林路街道（共 11 所医院，其中三级医院 3 所、一级医院 8 所）和龙华路（共 12 所医院，其中三级医院 1 所、二级医院 2 所、一级医院 9 所）；医疗服务设施分布最少的区域主要在凌云路街道，没有医保定点医院的分布。

基于上海市教育局统计的学校数据的研究发现：中学有 60 所、小学有 47 所、幼儿园有 71 所；徐汇区教育服务设施分布最多的区域主要在天平路街道（共 24 所学校，其中中学 7 所、小学 6 所、幼儿园 11 所）和康健新村街道（共 22 所学校，其中中学 6 所、小学 6 所、幼儿园 10 所），这主要是由于这些区域人口众多，高校分布密集，交通便利；教育服务设施分布最少的区域主要在虹梅路街道（中学 1 所）和漕河泾开发区，这些区域居住人口较少，多为工业开发区或企业的聚集地。

二、上海市嘉定区

1. 嘉定区基本概况

嘉定区位于上海西北部的近郊区域，共有 3 个街道、7 个镇，1 个新区、1 个市级工业区，总面积为 463.55 平方千米，2019 年总人口为 159.6 万人，GDP 达 2 608.1 亿元。

随着城镇化步伐的加快，嘉定区的常住人口逐年增加（见表 7－4），嘉定区的幼儿园数量增长明显，年增长幅度在 5%左右，小学年增长幅度 2.5%左右，中学年增长幅度在 1.5%左右，专任教师的增长幅度在 6.5%左右，说明嘉定区的教师和学生的配套状况也逐渐改善。嘉定区医疗服务资源也逐渐改善，医疗机构床位数、卫生技术人员和医疗机构数逐年递增，医疗服务设施也在不断优化。

表 7－4　嘉定区教育和医疗的基本统计

年　份		2015	2016	2017	2018	2019
总人口/万人		156.80	157.96	158.18	158.89	159.6
在校学生数/个	幼儿园	33 039	35 660	37 804	37 994	40 760
	小　学	47 473	46 907	47 024	48 749	48 749
	中　学	29 015	29 491	30 070	31 504	33 265
专任教师数/个	幼儿园	2 172	2 298	2 505	2 691	2 991
	小　学	2 677	2 737	2 829	2 973	3 277
	中　学	2 528	3 226	3 612	3 772	3 921
医疗机构床位数/张		4 202	4 753	5 012	6 222	5 533
卫生技术人员/人		6 728	7 109	7 560	8 059	8 624
医疗机构数/个		293	299	312	366	389

2. 嘉定区基本公共服务设施的空间集聚特征

嘉定区医疗服务设施和教育服务设施存在明显的区域差异（见图 7－3）。嘉定区医疗服务设施主要是以二级医院为主，三级医院只有 2 所，主

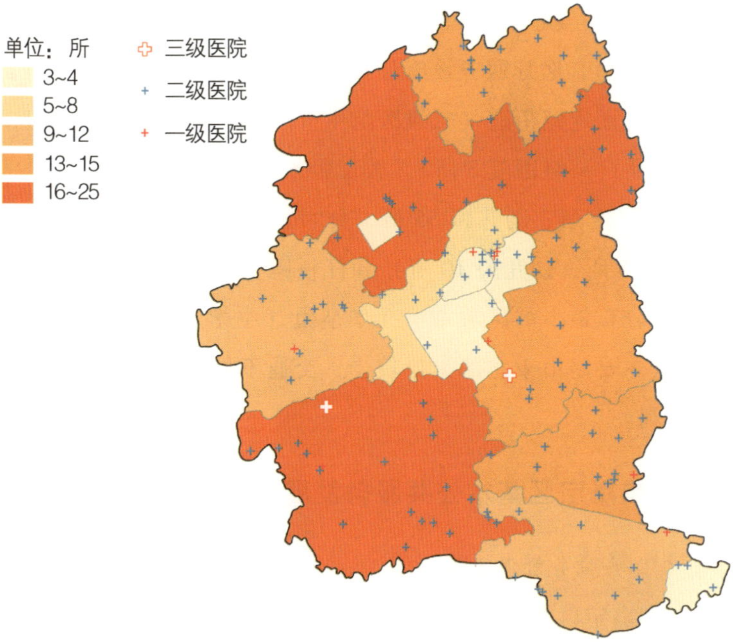

(a)

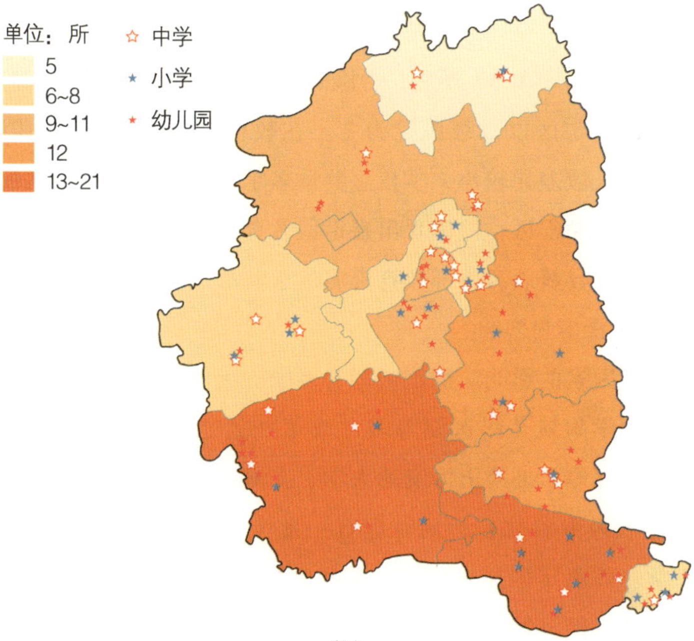

(b)

(a) 医疗服务设施；(b) 教育服务设施。

图 7-3　嘉定区基本公共服务设施空间统计图

要分布在马陆镇和安亭镇；医疗服务设施分布最多的区域主要在徐行镇（二级医院 18 所），医疗服务设施分布最少的区域主要在嘉定工业区（二级医院 4 所）、嘉定镇街道（二级医院 4 所，一级医院 1 所）、新成路街道（二级医院 3 所，一级医院 3 所）。教育服务设施的南北差异明显，其中中学 37 所、小学 39 所、幼儿园 55 所，分布最多的区域主要在安亭镇（中学 4 所、小学 6 所、幼儿园 10 所）和江桥镇（中学 3 所、小学 8 所、幼儿园 6 所），分布最少的区域主要在华亭镇（中学 2 所、小学 1 所、幼儿园 2 所），这主要是由于北部人口较少，交通不便，而南部距离中心城区近，交通便利。

三、徐汇区和嘉定区基本公共服务发展状况对比

1. 基本公共服务资源差异

徐汇区和嘉定区在教育和医疗资源的分布上存在明显的差异，徐汇区教育资源和医疗资源优于嘉定区。在医疗资源方面，嘉定区和徐汇区的医院总数相差不大，工业园区医院的分布都较少；如果考虑其人口总数，嘉定区总人口比徐汇区多 50 万左右，医疗资源的需求更甚，但徐汇区三级医院更多，而嘉定区以二级医院为主。在教育资源方面，幼儿园数量较多，徐汇区的区域差异较小，学校总数量多于嘉定区，而嘉定区的在校学生总人数却多于徐汇区，这体现出嘉定区教育资源的供需矛盾显著，同时嘉定区的南北差异显著，南部教育资源优于北部。

2. 影响因素不同

（1）历史因素的影响。徐汇区拥有多家三级医院，复旦大学附属中山医院、复旦大学附属儿科医院等多在改革开放之前建立。徐汇区历史悠久，文化底蕴深厚，拥有上海交通大学、上海师范大学、华东理工大学等 12 所高等学校及专科院校，同时拥有一批像位育中学、上海中学等市区级重点中学。而嘉定区原隶属于江苏省，1958 年划归上海市，1992 年才开始撤县设区，经济发展落后于徐汇区，医疗、教育的发展也正处于上升的阶段，与徐汇区相比还存在一定的差距。

（2）交通的通达性对区域基本公共服务的发展有一定的推动作用。徐

汇区内铁路、航道、立交、高架道路纵横交错，上海市内地铁 1、3、4、7、9、10、11、12、15 号线贯穿其中，得天独厚的交通优势为徐汇区的基本公共服务的发展提供了便利条件。而上海市内地铁只有 11、13 号线贯穿嘉定区，区内居民出行主要依托地铁和公交。

（3）国家政策的推动。徐汇区是上海的中心城区，也是上海较早完成旧区改造的中心城区之一，同时政府相关政策致力于将徐汇区打造成信息技术、生物医药等高新技术产业区，内部的经济开发区包括徐汇滨江和漕河泾开发区等。而嘉定区一直以来的政策是将嘉定区打造成特色工业园区、卫星科技城、历史文化名城。在国家财政的支出上，徐汇区所占比重远大于嘉定区。

第三节　本章小结

本章主要对上海市基本公共服务的影响机制进行探讨。研究发现，人均收入越高，基本公共服务的平均可达性越高；而人均固定资产越多，平均可达性越低。这可能是由于人均固定资产的增加，反而导致用于基本公共服务的财政支出不足，经济发展成果没有转化成大众福利。

徐汇区与嘉定区的对比研究发现，徐汇区在医疗、教育服务设施的布局上远优于嘉定区，这主要是受经济、历史、交通、政策等多重因素的影响。因此，加强近、远郊区的基本公共服务建设迫在眉睫，上海市应加强交通路网的建设，合理配置基本公共服务资源，发挥中心城镇的辐射带动作用，促进上海基本公共服务的均衡化发展，建设“和谐上海”。

第八章　结论与策略

第一节　主要研究结论

公共服务设施是城市社会经济发展的基础资源，了解其空间分布与配置特征是认识城乡发展进程、优化城乡功能发展的重要基础。本书通过定性分析和定量研究相结合的方法，探讨了上海市各类基本公共服务的空间分布格局以及服务范围，研究了上海市各类基本公共服务的空间可达性及空间的集聚特征，最后结合相关性系数和案例，分析了影响上海市各类基本公共服务设施空间分异的因素，得出以下主要结论。

一、各类基本公共服务设施在空间上的分布格局存在一定差异

各类基本公共服务设施在中心城区分布多且密集，其次是近郊区，远郊区最少。从总体数量的分布上看，近郊区和远郊区的差距不大，分布较集聚的区域多在主要的交通干线上。教育、医疗、生活、社会保障服务设施的集聚特征自中心城区向近郊区和远郊区逐渐弱化，文化、生态环境服务设施呈“点状”分布，区域集聚特征不显著。

二、各类基本公共服务设施在空间上形成的等级中心点和服务范围存在显著差异

一级中心点服务的服务能力较强，二级中心点次之，以此类推。医疗服务设施的中心点分为五个等级，教育服务设施的中心点分为四个等级，文化、生态环境、社会保障服务设施的中心点分为三个等级，生活服务设施的中心点分为两个等级。各类公共服务的一级中心点均分布在中心城区，各类

基本公共服务设施按一级中心点服务的辐射范围大小排序：生活服务设施>生态环境服务设施>社会保障服务设施>医疗服务设施>文化服务设施>教育服务设施。

三、各类基本公共服务设施可达性区域差异显著

可达性最高的区域主要在中心城区，其次是近郊区，最低的是远郊区。各类基本公共服务设施的空间可达性自中心城区向外区域逐渐降低，在近郊和远郊区域的中心城镇区域出现了明显的集聚区域，各类交通道路干线上的可达性较高。

四、各类基本公共服务的空间集聚特征

各类基本公共服务的空间集聚特征主要表现为：教育、医疗、文化、生活服务设施的“高—高”集聚区域主要集中在中心城区。生态环境服务设施的“高—高”集聚区域出现在金山区的吕巷镇，该区域靠近海边，有很多的生态公园。社会保障服务设施的“高—高”集聚区域主要在中心城区（杨浦区、虹口区）和近郊区域（宝山区、浦东新区）。各类基本公共服务设施的“低—低”集聚区域主要集中在崇明区。

五、上海市基本公共服务设施的相关性分析

人均财政支出、年末常住人口、人均收入、人均固定资产、人均 GDP 与基本公共服务的平均可达性存在一定相关性。其中相关性较显著的主要表现在：人均收入越高，基本公共服务的平均可达性越高；人均固定资产越高，平均可达性越低。这可能是由于人均固定资产增长，反而导致基本公共服务财政支出不足，经济发展成果没有转化成大众福利。对徐汇区和嘉定区这两个典型案例的研究发现，徐汇区的医疗、教育服务设施布局优于嘉定区，这与该区域的经济基础、历史文化、交通状况、国家政策有紧密的关系。

第二节 改进和提高公共服务能力的策略和建议

提高上海公共服务质量，需要缓和上海城乡公共服务的空间矛盾，均

衡人口布局；增强服务供给的有效性，打破行政区划，发展多元化、多层次的公共服务模式；借鉴国外发展经验，制定并实施与产业、资源、人口发展相匹配的公共服务战略。本书基于上述研究成果，提出以下发展策略和建议。

一、融入时空大数据和 GIS 模型，优化公共服务综合能力评价方式

近年来，公共服务能力的研究重点开始转向以人为本，学者不断关注公共服务设施在空间布局上不公平性的重要性，开始从居民的实际需求出发，并使用 GIS 模型等工具进行空间分析，计算服务设施的可达性和范围，分析出行路线图，从而判断居民的实际选择等，进而对公共服务设施的布局进行评价（程顺祺等，2016）。

在研究基本公共服务的空间分异特征的过程中，由于各类基本公共服务的数据获取存在不均匀性，常规统计和普查数据空间分辨率低、时滞性强，研究结果会受到一定的影响。本研究通过融合多源大数据，再结合具体的空间分析模型和统计数据等，可以在社区范围内建立多尺度的网格，以网格为单元，统计分析各类居民活动、各类服务设施在空间上的分布情况。通过对比，我们可以分别得到各类公共服务设施的空间优化方案，量化引导设施的空间布局，进行基于可获性的公共服务资源重点区和脆弱区识别，形成社区公共服务设施空间的优化方案，提高设施配置的空间效率，以大数据助力公共服务的供给侧改革。

建立城乡一体、人口网格化和设施标准化的公共服务资源配置机制，提升城乡和区域公共服务的理论和制度创新。基于空间分析工具平台，开发公共服务资源动态空间整合和评价工具等模型，设定公共服务资源的规划限制条件和建设规则等，并参考多种公共服务理论，通过不断更新数据和调整模型参数，得到精确、细致的评价结果。结合地理学、社会学和管理学等相关学科的理论知识以及国家的相关政策，使研究成果更具有科学性，并且能为政府相关决策研究提供参考与借鉴。

二、加强社区与公共服务设施配套建设，推进公共服务的均衡布局

研究发现，交通便捷度与居住环境的舒适性在很大程度上影响着上海市公共服务水平。在新城区与功能区等交通便利度较低的区域，应该进一步加强社区道路与公共交通设施的建设，提高社区间的连通性，提高道路密度。对主城区的环境舒适性应进行合理的改善，提高城区绿地覆盖率，提高成熟社区的环境舒适程度，以满足城区居民对公共服务质量的要求。作为国民经济各项事业发展的基础，城市经济越发达，其对交通、邮电、供水供电、商业、科研与技术服务、园林绿化、环境保护、文化教育、卫生事业等市政公用工程设施和公共生活服务设施的要求就越高。完善的基础设施对加速社会经济发展，优化其空间分布形态起着推动作用（罗震东、韦江绿、张京祥，2011）。新建、扩建项目，特别是新型社区附近的重大项目和基地建设，更需要优先发展基础设施，以便项目建成后尽快发挥效用（罗震东、韦江绿、张京祥，2011）。

城市轨道交通是城市交通的主干线和大动脉，也是世界公认的低能耗、少污染的“绿色交通”，对于提升公共服务质量、维持城市的可持续发展具有非常重要的意义。因此，上海市亟须在已有交通网络设施的基础上，大力开展城市轨道交通建设，提高公共服务的可达性。轨道交通的建成运营将极大地提高上海居民的出行、工作、购物、就医和生活的便捷性与可达性，提高居民的出行效率，节省时间，改善居民的生活质量。同时，加快轨道交通建设也是实现生态和文化城市的有效途径。城市轨道交通的建设可以带动城市沿轨道交通廊道的发展，促进郊区卫星城和多个副部中心的繁荣，从而缓解城市中心人口密集、住房紧张、绿化面积小、空气污染严重等对公共服务质量造成的负面影响。

三、推进城乡一体化建设，促进城乡均衡化发展

上海市区公共服务设施的空间结构呈现集聚与扩散并存的空间特征，核心城区和外部区县在各类公共服务能力上的差距不断加大。在教育方面，应调整优化各区域中、小学校布局，做好新型住宅社区和产业集聚区

的学校建设工作，促进教育设施均衡布局。在医疗卫生方面，可以规划建设各种层次的医疗健康生命科技园区，逐步形成以社区卫生服务中心为基础、区级医院为依托、市级医院为骨干、专科医院为补充的医疗体系。在社会保障服务方面，应增加对社会养老的资金投入，增加养老院的数量，培养高素质的养老院服务人员，提高养老院的服务品质。在文化服务方面，以社区公共运动场、百姓健身房等设施为代表的社区级公共体育设施受到更多居民的偏爱，但数量有限，这是未来重点建设和布局的方向。

提高公共基础设施供给数量以及城乡均衡化程度，以满足新区城市发展的需要。公共服务设施在城市中心区分布集中，虽然可达性较高，但公平性欠缺。且由于中心城区建设用地面积大、使用成本高，不可能大幅度地增加公共服务设施的数量。对此，应充分挖掘城郊公共服务设施的空间潜能，加强不同环线内（外环、中环、内环）功能区的良好衔接，使服务辐射更多的人群。同时，还应注意和加强外来人口和本地人口、城市人口和农村人口在享有城市公共服务上的同等权利。

四、构建更加完善的财政制度，明确社区行政化职能

更加完善和优化的财政制度可以为城市社区公共服务供给提供坚实可靠的资金支持，是优化我国城市社区公共服务供给的前提与基础。通过财政制度的完善来吸纳多方面的社会资金，引入民间资本，提高社会资金的投资回报率，打破原有社区公共服务资金主要来源于政府的局面，完善、优化财政制度，不仅能实现社区公共服务效益的最大化，而且能使城市社区公共服务供给水平达到帕累托最优。

一方面，政府应建立完整的财政体制，根据城市社区的实际资金发放情况，建立考核机制，并落实奖惩制度。例如，若社区完成了限定的相关目标，政府可通过奖励补贴的方式增加对该社区的财政支出，提高城市社区公共服务供给的积极性，提高社区公共服务供给的质量水平。另一方面，政府还应建立完善的监督机制，让城市社区居民可通过不同的途径了解到更多的资金运用与资金流向问题；也可通过咨询社区管理委员会（以

下简称“社区管委会”），了解城市社区相应专项资金的实际运用情况，通过大众监督来有效提高城市社区公共服务供给的服务质量与服务水平。无论是为城市社区提供公共服务的行政部门，还是街道办事处或社区管委会，都应有统一明确的职责，只有完善的法律规则制度才能确保行政职责落到实处，让居民都可以公平地享受到公共服务，且公共服务供给都“有法可依”。同时，政府应加强社区管委会的自治职能，将社区管委会打造成为社区居民服务的部门，加强社区管委会的行政化职能。

五、建立多元化社区公共服务主体，提高社区居民参与度

在政府作为单一主体的城市社区公共服务中，由于缺乏社区其他组织的竞争，公共服务的供给效率低下。随着经济与社会的不断发展，传统的城市社区公共服务供给模式已无法满足居民需要，建立多元化社区公共服务主体势在必行。

在城市化发展速度越来越快的背景下，地方政府应更加清楚地认识到城市社区公共服务的重要性。社区居民作为享受城市社区公共服务的主体，应参与到城市社区公共服务供给中。以往社区居民往往忽略城市社区的公共服务，导致公共服务供给效率低下，且公共服务水平也不高。政府可通过开展社区活动，丰富社区居民的业余生活，提升居民对社区的归属感与认可感。一方面，通过开展社区文化活动，寓教于乐，提高社区的凝聚力，提升社区居民参与度；另一方面，通过社区活动为公共服务供给打好群众基础。

六、明确公共服务的影响要素，加强需求导向的公共服务供给和调控

人口与经济社会活动等要素在很大程度上决定了公共服务承压力和调控力的水平，也影响了城市公共服务供给的质量、效率以及城市治理的水平。因此，在城市快速发展与城市病的治理过程中，应分区域、分类型、分层次地明确公共服务的影响要素，重视通过公共服务的有效供给和城市治理水平的提升，有的放矢地疏导、改善和解决各类城市发展问题，而非片面强调对城市人口规模和发展速度的刚性管理。通过行政管理行为（如

经济调节、市场监管、社会管理等一些职能活动），维护市场秩序和社会秩序的监管行为，影响宏观经济和社会整体的操作性行为，加强需求导向的公共服务有效供给，着力提高城市公共服务供给效率和供给质量。

第三节　研究不足与展望

本研究就上海市基本公共服务空间分异特征提出问题，探讨各行政区内基本公共服务空间配置状况。在确立研究背景、对象和区域的前提下，结合学界学者的研究基础，梳理基本公共服务研究现状和相关的理论基础。本研究通过获取上海市基本公共服务设施的 POI 数据，并对各类基本公共服务进行分类，刻画了上海市各类基本公共服务的空间分布格局，分析了上海市各类基本公共服务设施的空间可达性及其集聚性特征，探究了影响上海市基本公共服务的主要因素。本研究在模型方法和结果应用上取得了一定的进步，但依然存在以下不足：

首先，未能对上海市基本公共服务能力实现综合性的评价。本研究对上海市基本公共服务进行了详细的分类，在细化的分类尺度上进行了各类公共服务能力的评估和计算，但未形成一个总体的评价结论。未来可以基于层次分析法，将上海市基本公共服务能力设置为目标层，以六大类基本公共服务为准则层、影响因素为因子层，建立一个多层次的分析结构模型，再根据相关领域的权威专家或熵权法确定上海市各类基本公共服务设施的权重（见图 8－1），实现对基本公共服务能力的综合评价。

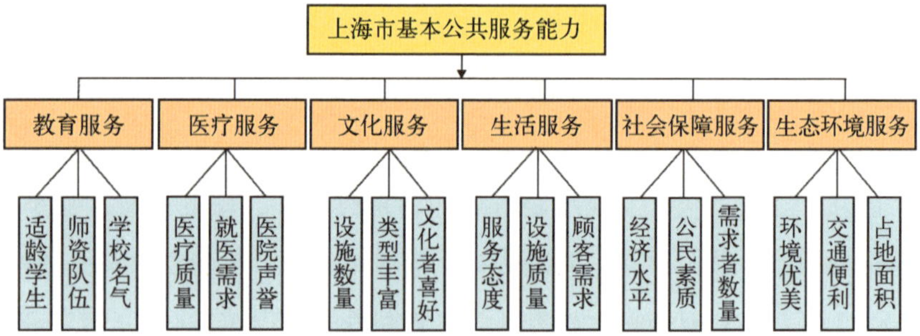

图 8－1　上海市基本公共服务能力的层次分析

其次，缺乏对未来城市公共服务能力的预测及优化策略。城市基本公共服务是个综合、开放的复杂巨系统，其运行涉及社会、经济、人口、文化、环境等诸多因素，各因素之间相互关联、相互影响，因果关系复杂，彼此构成反馈机制（廖文剑等，2011；何云飞，2010）。本研究针对上海市各类公共服务的发展现状进行了细致评价，在今后的研究中可将系统动力学（System Dynamics）和深度学习（Deep Learning）模型引入对未来城市公共服务能力的预测中，通过计算开发和设计用于公共服务资源优化调配的动态空间整合和选址工具，调整和设定模型参数，推演未来公共服务设施的布设场景，并评估实施方案的效益、效果和影响，为进一步优化配置公共服务资源提出管理和决策建议。通过模拟和推演未来布设各级公共服务设施点的适宜性区域，提出合理配置公共服务资源的方案，为政府决策提供建议和参考。

最后，本研究关注超大城市——上海的发展问题，缺乏多层次的探讨，研究结果的代表性和方法的适用性也存在一定的局限。由于研究视角与数据资料所限，本研究所选的公共服务设施未考虑其等级与服务质量（如中小学学区划分和择校问题以及医院分级诊疗制度），未考虑流动人口对总体公共服务能力的分流，这些都是有待于今后进一步深入探讨的方向。

参考文献

[1] Agrawal T. Educational inequality in rural and urban India [J]. International Journal of Educational Development, 2014, 34: 11-19.

[2] Andreoni J, Harbaugh W, Vesterlund L. The carrot or the stick: Rewards, punishments, and cooperation [J]. American Economic Review, 2003, 93 (3): 893-902.

[3] Asadullah M N, Yalonetzky G. Inequality of educational opportunity in India: Changes over time and across states [J]. World Development, 2012, 40 (6): 1151-1163.

[4] Ayeni B, Rushton G, McNulty M L. Improving the geographical accessibility of health care in rural areas: A Nigerian case study [J]. Social Science & Medicine, 1987, 25 (10): 1083-1094.

[5] Ayeni B, Rushton G, Mcnulty M L. Improving the geographical accessibility of health care in rural areas: A Nigerian case study [J]. Social Science & Medicine, 1987, 25 (10): 1083-1094.

[6] Batty M. The size, scale, and shape of cities [J]. Science, 2008, 319 (5864): 769-771.

[7] Berkman L F, Glass T, Brissette I, et al. From social integration to health: Durkheim in the new millennium [J]. Social Science & Medicine, 2000, 51 (6): 843-857.

[8] Berman E M, Wart M V, West J, et al. Human resource management in public service: Paradoxes, problems and processes [M]. California: Sage Publications, 2015.

[9] Boone C G, Buckley G L, Grove J M, et al. Parks and people: An environmental justice inquiry in Baltimore, Maryland [J]. Annals of the Association of American Geographers, 2009, 99 (4): 767-787.

[10] Weber J, Kwan M P. Bringing time back in: A study on the influence of travel time

variations and facility opening hours on individual accessibility [J]. The Professional Geographer, 2002, 54 (2): 226-240.

[11] Boyne G, Powell M, Ashworth R. Spatial equity and public services: An empirical analysis of local government finance in England [J]. Public Management Review, 2001, 3 (1): 19-34.

[12] Brus D J, Bogaert P, Heuvelink G B M. Bayesian Maximum Entropy prediction of soil categories using a traditional soil map as soft information [J]. European Journal of Soil Science, 2008, 59 (2): 166-177.

[13] Cao X. How does neighborhood design affect life satisfaction? Evidence from Twin Cities [J]. Travel Behaviour and Society, 2016, 5: 68-76.

[14] Certomà C, Corsini F, Rizzi F. Crowdsourcing urban sustainability. Data, people and technologies in participatory governance [J]. Futures, 2015, 74: 93-106.

[15] Cheng G, Zeng X K, Duan L, et al. Spatial difference analysis for accessibility to high level hospitals based on travel time in Shenzhen, China [J]. Habitat International, 2016, 53: 485-494.

[16] Christakos G. A Bayesian/maximum-entropy view to the spatial estimation problem [J]. Mathematical Geology, 1990, 22 (7): 763-777.

[17] Christensen K M, Holt J M, Wilson J F. Effects of perceived neighborhood characteristics and use of community facilities on physical activity of adults with and without disabilities [J]. Preventing Chronic Disease, 2010, 7 (5): A105.

[18] Cohen B. Urbanization in developing countries: Current trends, future projections, and key challenges for sustainability [J]. Technology in Society, 2006, 28 (1-2): 63-80.

[19] Cole K J, Gatrell A C. Public libraries in Salford: A geographical analysis of provision and access [J]. Environment and Planning A: Economy and Space, 1986, 18 (2): 253-268.

[20] Colean M L. Civic and community construction for the next ten years [J]. The Journal of Finance, 1960, 15 (2): 274-277.

[21] Coombes E, Jones A P, Hillsdon M. The relationship of physical activity and overweight to objectively measured green space accessibility and use [J]. Social Science & Medicine, 2010, 70 (6): 816-822.

[22] Cottrill C D, Derrible S. Leveraging big data for the development of transport sustainability indicators [J]. Journal of Urban Technology, 2015, 22 (1): 45 - 64.

[23] Curtis L A. Unit costs of health and social care 2013 [M]. Personal Social Services Research Unit, University of Kent, 2013.

[24] Dell'Ovo M, Capolongo S, Oppio A. Combining spatial analysis with MCDA for the siting of healthcare facilities [J]. Land Use Policy, 2018, 76: 634 - 644.

[25] Dendoncker N, Rounsevell M, Bogaert P. Spatial analysis and modelling of land use distributions in Belgium [J]. Computers, Environment and Urban Systems, 2007, 31 (2): 188 - 205.

[26] Djurfeldt A A. Urbanization and linkages to smallholder farming in sub-Saharan Africa: Implications for food security [J]. Global Food Security, 2015, 4: 1 - 7.

[27] Dodman D. Blaming cities for climate change? An analysis of urban greenhouse gas emissions inventories [J]. Environment and Urbanization, 2009, 21 (1): 185 - 201.

[28] Dorfman R. A formula for the Gini coefficient [J]. The Review of Economics and Statistics, 1979, 61 (1): 146.

[29] Durahim A O, Coşkun M. #iamhappybecause: Gross National Happiness through Twitter analysis and big data [J]. Technological Forecasting and Social Change, 2015, 99: 92 - 105.

[30] Ebenstein A, Fan M Y, Greenstone M, et al. Growth, pollution, and life expectancy: China from 1991 - 2012 [J]. SSRN Electronic Journal, 2015, 10.

[31] Ekkel E D, De Vries S. Nearby green space and human health: Evaluating accessibility metrics [J]. Landscape and Urban Planning, 2017, 157: 214 - 220.

[32] Fiszbein A, Ringold D, Rogers F H. Making services work: indicators, assessments, and benchmarking of the quality and governance of public service delivery in the human development sectors [M]. The World Bank, 2011.

[33] Gamboa L F, Waltenberg F D. Inequality of opportunity for educational achievement in Latin America: Evidence from *PISA* 2006 - 2009 [J]. Economics of Education Review, 2012, 31 (5): 694 - 708.

[34] Gan X Y, Fernandez I C, Guo J, et al. When to use what: Methods for weighting and aggregating sustainability indicators [J]. Ecological Indicators, 2017, 81: 491 - 502.

[35] Gao F, Kihal W, le Meur N, et al. Does the edge effect impact on the measure of

spatial accessibility to healthcare providers? [J]. International Journal of Health Geographics, 2017, 16 (1): 46.

[36] García-Palomares J C, Gutiérrez J, Latorre M. Optimizing the location of stations in bike-sharing programs: A GIS approach [J]. Applied Geography, 2012, 35 (1-2): 235-246.

[37] Gautam A. Role of coordination in effective public service delivery system [J]. Journal of Public Administration and Governance, 2020, 10 (3): 158.

[38] Glaesener M L, Caruso G. Neighborhood green and services diversity effects on land prices: Evidence from a multilevel hedonic analysis in Luxembourg [J]. Landscape and Urban Planning, 2015, 143: 100-111.

[39] Glaeser E L, Kominers S D, Luca M, et al. Big data and big cities: The promises and limitations of improved measures of urban life [J]. Economic Inquiry, 2018, 56 (1): 114-137.

[40] Gomes C P. Computational sustainability: computational methods for a sustainable environment, economy, and society [J]. The Bridge, 2009, 39 (4): 5-13.

[41] Groves P, Kayyali B, Knott D, et al. The 'big data' revolution in healthcare. McKinsey Quarterly, 2013. 2.

[42] Guagliardo M F. Spatial accessibility of primary care: Concepts, methods and challenges [J]. International Journal of Health Geographics, 2004, 3 (1): 3.

[43] Guo S H, Song C, Pei T, et al. Accessibility to urban parks for elderly residents: Perspectives from mobile phone data [J]. Landscape and Urban Planning, 2019, 191: 103642.

[44] Henderson J V. The sizes and types of cities [J]. The American Economic Review, 1974, 64 (4): 640-656.

[45] Howe J. The rise of crowdsourcing [J]. Wired, 2006, 14 (6): 176-183.

[46] Humer A, Granqvist K. The gradual city-ness and town-ness of public service locations: Towards spatially sensitive sector policies [J]. Geoforum, 2020, 113: 81-91.

[47] Jean N, Burke M, Xie M, et al. Combining satellite imagery and machine learning to predict poverty [J]. Science, 2016, 353 (6301): 790-794.

[48] Joseph A E, Bantock P R. Measuring potential physical accessibility to general practitioners in rural areas: a method and case study [J]. Social Science & Medicine,

1982, 16 (1): 85 - 90.

[49] Khan Z, Anjum A, Soomro K, et al. Towards cloud based big data analytics for smart future cities [J]. Journal of Cloud Computing, 2015, 4: 2.

[50] Kitchin R. The real-time city? Big data and smart urbanism [J]. GeoJournal, 2014, 79 (1): 1 - 14.

[51] Walker E. Applied regression analysis and other multivariable methods [J]. Technometrics, 1989, 31 (1): 117 - 118.

[52] Krugman P. First nature, second nature, and metropolitan location [J]. Journal of Regional Science, 1993, 33 (2): 129 - 144.

[53] Lazer D, Pentland A, Adamic L, et al. Computational social science [J]. Science, 2009, 323 (5915): 721 - 723.

[54] Lee S J, Balling R, Gober P. Bayesian maximum entropy mapping and the soft data problem in urban climate research [J]. Annals of the Association of American Geographers, 2008, 98 (2): 309 - 322.

[55] Lepri B, Antonelli F, Pianesi F, et al. Making big data work: Smart, sustainable, and safe cities [J]. EPJ Data Science, 2015, 4: 16.

[56] Li G E, Cai Z L, Liu J, et al. Multidimensional poverty in rural China: Indicators, spatiotemporal patterns and applications [J]. Social Indicators Research, 2019, 144 (3): 1099 - 1134.

[57] Liu S R, Qin Y C, Xu Y N. Inequality and influencing factors of spatial accessibility of medical facilities in rural areas of China: A case study of Henan Province [J]. International Journal of Environmental Research and Public Health, 2019, 16 (10): 1833.

[58] Lu S B, Shang Y Z, Li W. Assessment of the Tarim River Basin water resources sustainable utilization based on entropy weight set pair theory [J]. Water Supply, 2019, 19 (3): 908 - 917.

[59] Lucy W. Equity and planning for local services [J]. Journal of the American Planning Association, 1981, 47 (4): 447 - 457.

[60] Luo W, Wang F. Measures of spatial accessibility to healthcare in a GIS environment: Synthesis and a case study in Chicago region [J]. Environment and Planning B, Planning & Design, 2003, 30 (6): 865 - 884.

[61] Marsh M T, Schilling D A. Equity measurement in facility location analysis: A review and framework [J]. European Journal of Operational Research, 1994, 74 (1): 1 - 17.

[62] McLafferty S, Broe D. Patient outcomes and regional planning of coronary care services: A location-allocation approach [J]. Social Science & Medicine, 1990, 30 (3): 297 - 304.

[63] McShane I. Bringing in the public: Community facilities and social value [D]. Melbourne: Swinburne University of Technology, 2008.

[64] Mirsaeid S J G, Mahya M, Elham H, et al. Human resources distribution among Tehran university of medical sciences hospitals [J] . Journal of Payavard Salamat, 7 (5), 432 - 446.

[65] Modis K, Vatalis K I, Sachanidis C. Spatiotemporal risk assessment of soil pollution in a lignite mining region using a Bayesian maximum entropy (BME) approach [J]. International Journal of Coal Geology, 2013, 112: 173 - 179.

[66] Montgomery D C, Jennings C L, Kulahci M. Introduction to time series analysis and forecasting [M]. John Wiley & Sons, 2015.

[67] Morrill R L, Symons J. Efficiency and equity aspects of optimum location [J]. Geographical Analysis, 1977, 9 (3): 215 - 225.

[68] Najafabadi M M, Villanustre F, Khoshgoftaar T M, et al. Deep learning applications and challenges in big data analytics [J]. Journal of Big Data, 2015, 2: 1.

[69] Neutens T, Delafontaine M, Scott D M, et al. A GIS-based method to identify spatiotemporal gaps in public service delivery [J]. Applied Geography, 2012, 32 (2): 253 - 264.

[70] OECD (Organisation for Economic Co-operation and Development) . Cities and climate change [M]. OECD Publishing, 2010.

[71] Omrani-Khoo H, Lotfi F, Safari H, et al. Equity in distribution of health care resources; assessment of need and access, using three practical indicators [J]. Iranian Journal of Public Health, 2013, 42 (11): 1299 - 1308.

[72] Orloff M J, Duguay L R, Kosta L D. Criteria for selection of patients for emergency portacaval shunt [J]. American Journal of Surgery, 1977, 134 (1): 146 - 152.

[73] Pacione M. Access to urban services: the case of secondary schools in Glasgow [J].

Scottish Geographical Magazine, 1989, 105 (1): 12 - 18.

[74] Park S J. Measuring public library accessibility: A case study using GIS [J]. Library & Information Science Research, 2012, 34 (1): 13 - 21.

[75] Parker J D E. Environmental reporting and environmental indices [D]. Cambridge: University of Cambridge, 1991.

[76] Pasaogullari N, Doratli N. Measuring accessibility and utilization of public spaces in Famagusta [J]. Cities, 2004, 21 (3): 225 - 232.

[77] Penchansky R, Thomas J W. The concept of access: Definition and relationship to consumer satisfaction [J]. Medical Care, 1981, 19 (2): 127 - 140.

[78] Pill R. Accessibility and utilization: geographical perspectives on health care delivery [J]. J R Coll Gen Pract, 1984, 34 (265): 452.

[79] Porter M E, Cornelius P K, Sachs J D, et al. The global competitiveness report 2000 [R]. New York: Oxford University Press, 2000.

[80] Prom C. Who pays for universal service? : When telephone subsidies become transparent [J]. The Bottom Line, 2001, 14 (2) .

[81] Rapp L. Public service or universal service? [J]. Telecommunications Policy, 1996, 20 (6): 391 - 397.

[82] Reyes J M, Serre M L. An LUR/BME framework to estimate $PM_{2.5}$ explained by on road mobile and stationary sources [J]. Environmental Science & Technology, 2014, 48 (3): 1736 - 1744.

[83] Röller L H, Waverman L. Telecommunications infrastructure and economic development: A simultaneous approach [J]. American Economic Review, 2001, 91 (4): 909 - 923.

[84] Salkin P, Lavine A. Community benefits agreements and comprehensive planning: Balancing community empowerment and the police power [J]. Social Science Electronic Publishing, 2010 (4): 157 - 216.

[85] Samuelson P A. The pure theory of public expenditure [J]. The Review of Economics and Statistics, 1954, 36 (4): 387.

[86] Savas E S. Privatization and prisons [J]. Vanderbilt Law Review. 1987, 40: 889.

[87] Schipperijn J, Cerin E, Adams M A, et al. Access to parks and physical activity: an eight country comparison [J]. Urban Forestry & Urban Greening, 2017, 27:

253 - 263.

[88] Selbmann H. Basic principles of quality management in public health service [J]. Gesundheitswesen, 1996, 58 (11): 583 - 587.

[89] Shin S J, Woo J, Rachuri S. Predictive analytics model for power consumption in manufacturing [J]. Procedia CIRP, 2014, 15: 153 - 158.

[90] Singh R K, Murty H R, Gupta S K, et al. Development of composite sustainability performance index for steel industry [J]. Ecological Indicators, 2007, 7 (3): 565 - 588.

[91] Sister C, Wolch J, Wilson J. Got green? addressing environmental justice in park provision [J]. GeoJournal, 2010, 75 (3): 229 - 248.

[92] Smith A, Cannan E, Stigler G J. An inquiry into the nature and causes of the wealth of nations [M]. Chicago: University of Chicago Press, 1977.

[93] Spyratos S, Stathakis D. Evaluating the services and facilities of European cities using crowdsourced place data [J]. Environment and Planning B: Urban Analytics and City Science, 2018, 45 (4): 733 - 750.

[94] Talen E. Visualizing fairness: Equity maps for planners [J]. Journal of the American Planning Association, 1998, 64 (1): 22 - 38.

[95] Tan P Y, Samsudin R. Effects of spatial scale on assessment of spatial equity of urban park provision [J]. Landscape and Urban Planning, 2017, 158: 139 - 154.

[96] Teitz M B. Toward a theory of urban public facility location [J]. Papers of the Regional Science Association, 1968, 21 (1): 35 - 51.

[97] Tobler W R. A computer movie simulating urban growth in the Detroit region [J]. Economic Geography, 1970, 46 (supl): 234 - 240.

[98] UNDESA (United Nations Department of Economic and Social Affairs) . World urbanization prospects the 2011 revision. New York: United Nations. 2012.

[99] Vora K S, Koblinsky S A, Koblinsky M A. Predictors of maternal health services utilization by poor, rural women: a comparative study in Indian States of Gujarat and Tamil Nadu [J]. Journal of Health, Population, and Nutrition, 2015, 33: 9.

[100] Wang F H. Measurement, optimization, and impact of health care accessibility: A methodological review [J]. Annals of the Association of American Geographers, 2012, 102 (5): 1104 - 1112.

[101] Weber J, Kwan M P. Bringing time back in: A study on the influence of travel time variations and facility opening hours on individual accessibility [J]. The Professional Geographer, 2002, 54 (2): 226-240.

[102] Witten K, Exeter D, Field A. The quality of urban environments: Mapping variation in access to community resources [J]. Urban Studies, 2003, 40 (1): 161-177.

[103] Wood S A, Guerry A D, Silver J M, et al. Using social media to quantify nature-based tourism and recreation [J]. Scientific Reports, 2013, 3: 2976.

[104] Yang C, Zhang X Y, Zhong C M, et al. A spatiotemporal compression based approach for efficient big data processing on cloud [J]. Journal of Computer and System Sciences, 2014, 80 (8): 1563-1583.

[105] Yasumoto S, Jones A, Shimizu C. Longitudinal trends in equity of park accessibility in Yokohama, Japan: An investigation into the role of causal mechanisms [J]. Environment and Planning A: Economy and Space, 2014, 46 (3): 682-699.

[106] Zenk S N, Tarlov E, Sun J M. Spatial equity in facilities providing low- or no-fee screening mammography in Chicago neighborhoods [J]. Journal of Urban Health: Bulletin of the New York Academy of Medicine, 2006, 83 (2): 195-210.

[107] Zheng Y. Methodologies for cross-domain data fusion: an overview [J]. IEEE Transactions on Big Data, 2015, 1 (1): 16-34.

[108] 艾医卫，屈双湖．建立和完善农村公共服务多元供给机制 [J]. 中国行政管理，2008 (10): 69-71.

[109] 曹福然，詹一虹．国外公共文化服务供给体系建设及启示 [J]. 图书馆工作与研究，2019 (2): 18-25.

[110] 曹静晖．基本公共服务均等化的制度障碍及实现路径 [J]. 华中科技大学学报（社会科学版），2011, 25 (1): 48-52.

[111] 常修泽．中国现阶段基本公共服务均等化研究 [J]. 中共天津市委党校学报，2007, 9 (2): 66-71.

[112] 陈昌盛，蔡跃洲．中国政府公共服务：体制变迁与地区综合评估 [M]. 北京：中国社会科学出版社，2007.

[113] 陈海威．中国基本公共服务体系研究 [J]. 科学社会主义，2007 (3): 98-100.

[114] 陈继宁．论小城镇建设与城乡公共服务均等化 [J]. 中共四川省委省级机关党

校学报，2007（3）：40－42.

［115］陈秋晓，侯焱，吴霜．机会公平视角下绍兴城市公园绿地可达性评价［J］．地理科学，2016，36（3）：375－383.

［116］陈婷婷，魏宗财，陈卓源．城市居民健身场所布局公平性及优化对策［J］．规划师，2015，31（7）：17－23.

［117］陈霆．上海城乡基本公共服务均等化的实践与思考［J］．上海农村经济，2017（10）：7－9.

［118］陈伟东，张大维．中国城市社区公共服务设施配置现状与规划实施研究［J］．人文地理，2007，22（5）：29－33.

［119］陈振明，李德国．基本公共服务的均等化与有效供给：基于福建省的思考［J］．中国行政管理，2011（1）：47－52.

［120］谌丽，张文忠，杨翌朝．北京城市居民服务设施可达性偏好与现实错位［J］．地理学报，2013，68（8）：1071－1081.

［121］程启月．评测指标权重确定的结构熵权法［J］．系统工程理论与实践，2010，30（7）：1225－1228.

［122］程顺祺，祁新华，金星星，等．国内外公共服务设施空间布局研究进展［J］．热带地理，2016，36（1）：122－131.

［123］程顺祺，祁新华，林涵，等．移动搜索法在教育公共服务可达性评价中的改进与应用：以福州城区幼儿园为例［J］．人文地理，2017，32（3）：53－60.

［124］程文，夏雷．严寒地区村镇公共服务设施配置与布局优化［J］．规划师，2015，31（6）：81－85.

［125］池娇，焦利民，董婷，等．基于 POI 数据的城市功能区定量识别及其可视化［J］.测绘地理信息，2016，41（2）：68－73.

［126］崔真真，黄晓春，何莲娜，等．基于 POI 数据的城市生活便利度指数研究［J］．地理信息世界，2016，23（3）：27－33.

［127］邓丽，邵景安，郭跃，等．基于改进的两步移动搜索法的山区医疗服务空间可达性：以重庆市石柱县为例［J］．地理科学进展，2015，34（6）：716－725.

［128］邓岩．论社会主要矛盾转化条件下人民满意的服务型政府建设：学习习近平总书记关于建设人民满意的服务型政府的重要论述［J］．社会主义研究，2020（1）：17－24.

［129］丁元竹．促进我国基本公共服务均等化的对策［J］．宏观经济管理，2008（3）：

24 – 26.

[130] 杜俊秀，张继贤，董春，等．中小学布局水平指标体系的空间均衡性分析 [J]. 测绘科学，2015，40（7）：64 – 67.

[131] 樊立惠，蔺雪芹，王岱．北京市公共服务设施供需协调发展的时空演化特征：以教育医疗设施为例 [J]. 人文地理，2015，30（1）：90 – 97.

[132] 方创琳，周成虎，顾朝林，等．特大城市群地区城镇化与生态环境交互耦合效应解析的理论框架及技术路径 [J]. 地理学报，2016，71（4）：531 – 550.

[133] 冯维江，张斌，沈仲凯．大国崛起失败的国际政治经济学分析 [J]. 世界经济与政治，2015（11）：4 – 35.

[134] 干薇薇．基本公共服务均等化研究 [D]. 南京：南京师范大学，2010.

[135] 高军波，余斌，江海燕．城市公共服务设施空间分布分异调查：以广州市为例 [J].城市问题，2011（8）：55 – 61.

[136] 高军波，周春山，江海燕，等．广州城市公共服务设施供给空间分异研究 [J]. 人文地理，2010，25（3）：78 – 83.

[137] 高雁鹏，李沐雨．基于改进 2SFCA 的医疗设施空间可达性研究：以沈阳市 9 区为例 [J]. 信息记录材料，2018，19（2）：115 – 118.

[138] 耿劲松，黄利民，董建成，等．新医改背景下南通市城市社区卫生资源优化配置与服务评价研究 [J]. 中国全科医学，2013，16（21）：1847 – 1849.

[139] 顾朝林，曹根榕，顾江，等．中国面向高质量发展的基础设施空间布局研究 [J].经济地理，2020，40（5）：1 – 9.

[140] 顾卫平，顾卫民．近代西方文化东渐与徐家汇的形成 [J]. 社会科学，1991（8）：32 – 35.

[141] 管廷莲，吴淑君．浙江城乡基本公共服务均等化问题探讨 [J]. 浙江社会科学，2010（2）：121 – 124.

[142] 郭小聪，代凯．国内近五年基本公共服务均等化研究：综述与评估 [J]. 中国人民大学学报，2013（1）：145 – 154.

[143] 韩守庆．长春市区域空间结构形成机制与调控研究 [D]. 长春：东北师范大学，2008.

[144] 韩增林，杜鹏，王利，等．区域公共服务设施优化配置方法研究：以大连市甘井子区兴华街道小学配置为例 [J]. 地理科学，2014，34（7）：803 – 809.

[145] 韩增林，李彬，张坤领．中国城乡基本公共服务均等化及其空间格局分析 [J].

地理研究，2015，34（11）：2035－2048.

[146] 韩占省，胡守忠，杨迪，等．基于基尼系数的医疗资源配置的公平性分析：仅以上海市松江区为例［J］．劳动保障世界（理论版），2012（6）：27－29.

[147] 何非，何克清．大数据及其科学问题与方法的探讨［J］．武汉大学学报（理学版），2014，60（1）：1－12.

[148] 何寒青，朱敏洁，缪凡，等．浙江省医疗资源分布状况的聚类分析研究［J］．中华医院管理杂志，2006（3）：201－203.

[149] 何云飞．城市商业区中小零售企业配送联盟研究：基于系统动力学视角［J］．物流技术，2010，29（20）：18－20.

[150] 何云飞．城市中心商业区配送现状分析与改进措施：以南京东路商业区为例［J］．经济研究导刊，2010（35）：55－57.

[151] 和立道．医疗卫生基本公共服务的城乡差距及均等化路径［J］．财经科学，2011（12）：114－120.

[152] 胡恩．仙桃市医疗资源空间分布及均等化研究［D］．武汉：华中师范大学，2015.

[153] 胡均民，艾洪山．匹配“事权”与“财权”：基本公共服务均等化的核心路径［J］．中国行政管理，2009（11）：59－63.

[154] 胡畔，谢晖，王兴平．乡村基本公共服务设施均等化内涵与方法：以南京市江宁区江宁街道为例［J］．城市规划，2010，34（7）：28－33.

[155] 胡瑞山，董锁成，胡浩．就医空间可达性分析的两步移动搜索法：以江苏省东海县为例［J］．地理科学进展，2012，31（12）：1600－1607.

[156] 胡仙芝．中国基本公共服务均等化现状与改革方向［J］．北京联合大学学报（人文社会科学版），2010，8（3）：82－87.

[157] 黄民文，凌红平．新自由主义的主张及其实质［J］．学理论，2016，09（01）：104－107.

[158] 贾康．关于公共财政的若干思考［J］．中国社会科学院研究生院学报，2005（6）：25－30.

[159] 姜晓萍，吴菁．国内外基本公共服务均等化研究述评［J］．上海行政学院学报，2012，13（5）：4－16.

[160] 姜鑫洋，盛红旗，李旭，等．我国医疗卫生机构收入与支出空间分布变化分析［J］．中国卫生经济，2019，38（6）：33－36.

[161] 姜异康，袁曙宏，韩康，等．国外公共服务体系建设与我国建设服务型政府［J］.中国行政管理，2011（2）：7－13.

[162] 蒋海兵，张文忠，韦胜．公共交通影响下的北京公共服务设施可达性［J］．地理科学进展，2017，36（10）：1239－1249.

[163] 雷晓康，曲婧．基础教育公共服务均等化问题研究：以陕北几县为例［J］．西北大学学报（哲学社会科学版），2011，41（1）：20－25.

[164] 李爱华，柏延臣．基于贝叶斯最大熵的甘肃省多年平均降水空间化研究［J］．中国沙漠，2012，32（5）：1408－1416.

[165] 李彬，韩增林，马慧强．辽宁省城市基本公共服务质量差异的时空分析［J］．人文地理，2015，30（3）：111－117.

[166] 李朝奎，卜璞，方军，等．基于改进引力模型的医疗服务可达性评价［J］．经济地理，2018，38（12）：83－88.

[167] 李德仁，姚远，邵振峰．智慧城市中的大数据［J］．武汉大学学报·信息科学版，2014，39（6）：631－640.

[168] 李杰刚，李志勇．新中国基本公共服务供给：演化阶段及未来走向［J］．财政研究，2012（1）：13－16.

[169] 李浪姣，刘江涛，任福．基于细粒度人口数据的深圳公园绿地可达性评价［J］．测绘与空间地理信息，2017，40（9）：38－43.

[170] 李萌．基于居民行为需求特征的“15 分钟社区生活圈”规划对策研究［J］．城市规划学刊，2017（1）：111－118.

[171] 李敏纳，覃成林，李润田．中国社会性公共服务区域差异分析［J］．经济地理，2009，29（6）：887－893.

[172] 李平华，陆玉麒．可达性研究的回顾与展望［J］．地理科学进展，2005，24（3）：69－78.

[173] 李雪萍，刘志昌．基本公共服务均等化的区域对比与城乡比较：以社会保障为例［J］．华中师范大学学报（人文社会科学版），2008，47（3）：18－25.

[174] 李艳霞．福利制度模式与公众政府信任的跨国比较［J］．武汉大学学报（哲学社会科学版），2020，73（2）：134－144.

[175] 李颖，邓念国．系统化建构与属地化依附：政府向社会组织购买公共服务背景下的政社关系变迁［J］．天津行政学院学报，2019，21（1）：20－28.

[176] 李烝，廖永坚，代兰兰．清远：以医疗教育为突破口 迈向基本公共服务均等

化［J］.中国财政，2014（24）：23－25.
［177］梁永郭，徐雪冰，冯鑫森．我国城镇化进程中基本公共服务均等化研究［J］．安徽广播电视大学学报，2016（3）：1－4.
［178］廖文剑．西方发达国家基本公共服务均等化路径选择的经验与启示［J］．中国行政管理，2011（3）：97－100.
［179］廖文剑．怎样构建基本公共科技服务平台［J］．泸州科技，2011（1）：20.
［180］林康，陆玉麒，刘俊，等．基于可达性角度的公共产品空间公平性的定量评价方法：以江苏省仪征市为例［J］．地理研究，2009，28（1）：215－224.
［181］刘辉，申玉铭，邓秀丽．北京金融服务业空间格局及模式研究［J］．人文地理，2013，28（5）：61－68.
［182］刘林平，蒋和超，李潇晓．规律与因果：大数据对社会科学研究冲击之反思：以社会学为例［J］．社会科学，2016（9）：67－80.
［183］刘铭达，李杰云．如何让地方财政不再“扭曲”［J］．中国改革，2007（9）：49－50.
［184］刘妮娜，刘诚．合理、有序推进中国人口城镇化的路径分析［J］．经济学家，2014（2）：21－27.
［185］刘尚希．基本公共服务均等化：现实要求和政策路径［J］．浙江经济，2007（13）：24－27.
［186］刘玉亭，何微丹．广州市保障房住区公共服务设施的供需特征及其成因机制［J］.现代城市研究，2016，31（6）：2－10.
［187］龙瀛，茅明睿，毛其智，等．大数据时代的精细化城市模拟：方法、数据和案例［J］．人文地理，2014，29（3）：7－13.
［188］陆军，尹慧．城市群条件下区域性公共产品的区位选择分析［J］．中国软科学，2010（8）：99－105.
［189］罗娟，汪泓，崔开昌．上海市医疗资源配置状况分析［J］．中国卫生统计，2009，26（5）：466－469.
［190］罗震东，韦江绿，张京祥．城乡基本公共服务设施均等化发展的界定、特征与途径［J］．现代城市研究，2011，26（7）：7－13.
［191］吕炜，赵佳佳．我国财政分权对基本公共服务供给的体制性约束研究［J］．财政研究，2009（10）：11－14.
［192］马方．公共设施空间服务水平评价方法研究：以武汉市公共图书馆为例［J］.

《规划师》论丛，2010（1）：98－102.
[193] 马慧强，王清，弓志刚．京津冀基本公共服务均等化水平测度及时空格局演变［J］.干旱区资源与环境，2016，30（11）：64－69.
[194] 毛小岗，宋金平，杨鸿雁，等.2000—2010年北京城市公园空间格局变化［J］.地理科学进展，2012，31（10）：1295－1306.
[195] 南锐，王新民，李会欣．区域基本公共服务均等化水平的评价［J］. 财经科学，2010（12）：58－64.
[196] 聂春祺，谷人旭，王春萌，等．城市空间自相关特征及腹地空间格局研究：以福建省为例［J］. 经济地理，2017，37（10）：74－81.
[197] 彭健．基本公共服务均等化视角下的财政体制优化［J］. 财经问题研究，2010（2）：80－84.
[198] 彭永明，王铮．农村中小学选址的空间运筹［J］. 地理学报，2013，68（10）：1411－1417.
[199] 秦静，李郎平，唐鸣镝，等．基于地理标记照片的北京市入境旅游流空间特征［J］.地理学报，2018，73（8）：1556－1570.
[200] 秦萧，甄峰，熊丽芳，等．大数据时代城市时空间行为研究方法［J］. 地理科学进展，2013，32（9）：1352－1361.
[201] 秦雪征，周建波，辛奕，等．城乡二元医疗保险结构对农民工返乡意愿的影响：以北京市农民工为例［J］. 中国农村经济，2014（2）：56－68.
[202] 任晋锋，吕斌．我国城市社区公共服务设施建设问题及对策：以北京西城区为例［J］. 规划师，2011，27（S1）：229－233.
[203] 任文杰．医疗资源优化配置的路径选择问题分析［J］. 医学与社会，2014，27（6）：23－25.
[204] 邵晖，温梦琪．城市公共教育资源与人口空间分布匹配特征研究：以北京市为例［J］. 宏观质量研究，2016，4（2）：119－128.
[205] 时晨．武汉市公共文化设施空间布局及其优化策略［D］. 武汉：湖北大学，2018.
[206] 史传林．农村公共服务社会化的模式构建与策略探讨［J］. 中国行政管理，2008（6）：56－59.
[207] 史戈，徐卫国．基于DEA－Tobit模型的上海医疗资源整合效率分析［J］. 上海管理科学，2012，34（3）：107－109.

[208] 史卫东，赵林．山东省基本公共服务质量测度及空间格局特征［J］．经济地理，2015，35（6）：32－37.

[209] 宋洁华，李少伟，赵志忠，等．泰森多边形在居民点空间分布特征分析中的应用研究：以海南省临高县为例［J］．海南师范大学学报（自然科学版），2013，26（2）：223－226.

[210] 宋文昌．财政分权、财政支出结构与公共服务不均等的实证分析［J］．财政研究，2009（3）：56－60.

[211] 宋正娜，陈雯．基于潜能模型的医疗设施空间可达性评价方法［J］．地理科学进展，2009，28（6）：848－854.

[212] 孙道胜，柴彦威．城市社区生活圈体系及公共服务设施空间优化：以北京市清河街道为例［J］．城市发展研究，2017，24（9）：7－14.

[213] 孙红．论卫生服务公平性与特需医疗服务之关系［C］//全国门诊急诊工作学术交流会．2006.

[214] 孙红玲，唐未兵，沈裕谋．论人的城镇化与人均公共服务均等化［J］．中国工业经济，2014（5）：18－30.

[215] 汤鹏飞．湖北省仙桃市农村基础教育服务可达性与均等化研究［D］．武汉：华中师范大学，2017.

[216] 唐国滨，温小霓．陕西省医疗资源分布的聚类分析研究［J］．中国医院管理，2006，26（11）：18－20.

[217] 唐铁汉．强化政府公共服务职能 努力建设公共服务型政府［J］．中国行政管理，2004（7）：9－15.

[218] 陶海燕，陈晓翔，黎夏．公共医疗卫生服务的空间可达性研究：以广州市海珠区为例［J］．测绘与空间地理信息，2007，30（1）：1－5.

[219] 陶晓丽，陈明星，张文忠，等．城市公园的类型划分及其与功能的关系分析：以北京市城市公园为例［J］．地理研究，2013，32（10）：1964－1976.

[220] 陶印华，申悦．医疗设施可达性空间差异及其影响因素：基于上海市户籍与流动人口的对比［J］．地理科学进展，2018，37（8）：1075－1085.

[221] 陶卓霖，程杨，戴特奇．北京市养老设施空间可达性评价［J］．地理科学进展，2014，33（5）：616－624.

[222] 童光辉，赵海利．新型城镇化进程中的基本公共服务均等化：财政支出责任及其分担机制：以城市非户籍人口为中心［J］．经济学家，2014（11）：32－36.

[223] 王登嵘．新时期组团城市中区域性公共服务设施配置新视角：以佛山高明区为例［J］．人文地理，2005，20（6）：92－97.

[224] 王法辉．基于GIS的数量方法与应用［M］．姜世国，滕骏华，译．北京：商务印书馆，2009.

[225] 王芳，高晓路．北京市商业空间格局及其与人口耦合关系研究［J］．城市规划，2015，39（11）：23－29.

[226] 王锋，陶学荣．政府公共服务职能的界定、问题分析及对策［J］．甘肃社会科学，2005（4）：231－234.

[227] 王海江，苗长虹．我国中心城市对外服务能力的空间格局［J］．地理研究，2009，28（4）：957－967.

[228] 王结臣，卢敏，苑振宇，等．基于Ripley's K函数的南京市ATM网点空间分布模式研究［J］．地理科学，2016，36（12）：1843－1849.

[229] 王磊．关于我国建立健全事权与财权相匹配财政体制的思考［J］．决策探索，2006（10）：60－61.

[230] 王士君，浩飞龙，姜丽丽．长春市大型商业网点的区位特征及其影响因素［J］．地理学报，2015，70（6）：893－905.

[231] 王伟同．城市化进程与城乡基本公共服务均等化［J］．财贸经济，2009（2）：40－45.

[232] 王兴平，胡畔，沈思思，等．基于社会分异的城市公共服务设施空间布局特征研究［J］．规划师，2014，30（5）：17－24.

[233] 王一凡，许晓兵．百度地图API在引力可达性模型中的应用［J］．软件导刊，2015，14（12）：94－96.

[234] 王一鸣．大力推动我国经济高质量发展［J］．人民论坛，2018（9）：32－34.

[235] 王智勇，郑志明．大城市公共体育设施规划布局初探［J］．华中建筑，2011，29（7）：120－123.

[236] 吴建军，孔云峰，李斌．基于GIS的农村医疗设施空间可达性分析：以河南省兰考县为例［J］．人文地理，2008，23（5）：37－42.

[237] 吴康敏，张虹鸥，王洋，等．广州市多类型商业中心识别与空间模式［J］．地理科学进展，2016，35（8）：963－974.

[238] 吴琦．上海市城乡一体化背景下公共医疗资源均衡配置研究［D］．上海：上海工程技术大学，2015.

［239］夏杰长．我国服务业发展的实证分析与财税政策选择［J］．经济与管理研究，2007，28（2）：16－20.
［240］项继权，袁方成．我国基本公共服务均等化的财政投入与需求分析［J］．公共行政评论，2008，1（3）：89－123.
［241］谢婷婷，冯长春，杨永春．河谷型城市教育设施空间分布公平性研究：以兰州市中学为例［J］．城市发展研究，2014，21（8）：29－32.
［242］谢小华，王瑞璋，文东宏，等．医疗设施布局的GIS优化评价：以翔安区医疗设施为例［J］．地球信息科学学报，2015，17（3）：317－328.
［243］谢长勇．基于系统动力学模型的我国宏观卫生筹资系统机制研究［D］．上海：第二军医大学，2007.
［244］熊光祥，陈伟东．社区公共服务设施的内涵与类型［J］．社区，2006（21）：32－33.
［245］徐金燕，范学工，蒋利平．我国城市社区公共服务居民满意度的现状及其影响因素研究：以长沙市为例［J］．城市发展研究，2015，22（2）：7－10.
［246］徐祖荣．社会组织与公共服务主体多元化：基于浙江的研究［J］．理论与改革，2009（1）：35－38.
［247］许婵，文天祚，王坤晓．北京市核心区医疗设施可达性研究［J］．地域研究与开发，2019，38（3）：60－65.
［248］许燕婵．高等学校教育资源配置均衡研究［J］．高教探索，2008（2）：76－78.
［249］许泽宁，高晓路．基于电子地图兴趣点的城市建成区边界识别方法［J］．地理学报，2016，71（6）：928－939.
［250］薛东前，黄晶，马蓓蓓，等．西安市文化娱乐业的空间格局及热点区模式研究［J］．地理学报，2014，69（4）：541－552.
［251］闫学文，刘澄．基于系统动力学视角的企业内审评价影响因素探析［J］．中国审计，2012（18）：69－70.
［252］杨大锁，潘淮宁，殷晓红，等．重视医疗服务的可及性和连续性［J］．中国卫生质量管理，2006，13（6）：47－49.
［253］杨卡．北京市人口—教育资源空间协调度分析［J］．城市发展研究，2016，23（2）：118－124.
［254］杨上广，吴柏均，徐璐，等．上海市老年人口医疗需求与治理响应研究：基于空间的视角［J］．中国名城，2019（8）：24－33.

[255] 杨叶林，陈庚．基于 GIS 的盱眙县医疗资源空间布局研究 [J]. 建筑工程技术与设计，2015 (33)：1541.

[256] 杨勇，张楚天，贺立源．基于贝叶斯最大熵的多因子空间属性预测新方法 [J]. 浙江大学学报（农业与生命科学版），2013，39 (6)：636－644.

[257] 杨勇，张若兮．贝叶斯最大熵地统计方法研究与应用进展 [J]. 土壤，2014，46 (3)：402－406.

[258] 伊藤恵造．スポーツによるコミュニティ形成と「生活圏」に関する社会学的考察—神戸市・垂水区団地スポーツ協会を事例として— [J]. 秋田大学教育文化学部研究紀要．人文科学・社会科学自然科学，2016，71：61－70.

[259] 于绍璐，张景秋．北京城区文化设施利用的空间分异研究：以博物馆、体育馆、展览馆为例 [J]. 北京社会科学，2010 (3)：73－77.

[260] 禹文豪，艾廷华．核密度估计法支持下的网络空间 POI 点可视化与分析 [J]. 测绘学报，2015，44 (1)：82－90.

[261] 郁建兴．中国的公共服务体系：发展历程、社会政策与体制机制 [J]. 学术月刊，2011，43 (3)：5－17.

[262] 曾文，向梨丽，李红波，等．南京市医疗服务设施可达性的空间格局及其形成机制 [J]. 经济地理，2017，37 (6)：136－143.

[263] 詹国辉．京津冀协同发展下河北沿海区域经济长效性研究：基于中心边缘理论的视阈 [J]. 当代经济管理，2016，38 (9)：47－53.

[264] 张慧．基于 GIS 的西安市分层级医疗服务设施空间布点优化研究 [D]. 西安：西北大学，2019.

[265] 张杰，吕杰．从大尺度城市设计到“日常生活空间” [J]. 城市规划，2003，27 (9)：40－45.

[266] 张京祥，葛志兵，罗震东，等．城乡基本公共服务设施布局均等化研究：以常州市教育设施为例 [J]. 城市规划，2012，36 (2)：9－15.

[267] 张开云，张兴杰，李倩．地方政府公共服务供给能力：影响因素与实现路径 [J].中国行政管理，2010 (1)：92－95.

[268] 张立荣，冷向明．基本公共服务均等化取向下的政府行为变革 [J]. 政治学研究，2007 (4)：83－91.

[269] 张立荣，李军超，樊慧玲．基于收入差别的农村公共服务需求偏好与满意度研究 [J]. 中国行政管理，2011 (10)：118－122.

［270］张丽琴，王勤，唐鸣．医疗卫生服务的差异分析与均等化对策［J］．社会主义研究，2007（6）：110－114.

［271］张涛，曹亮，梁中杰．基于 GIS 的城市医疗设施空间可达性研究：以哈尔滨市为例［J］．经纬天地，2017（4）：36－40.

［272］张晓燕，梁倩君．湖北省卫生资源配置的公平性分析：基于洛伦兹曲线和基尼系数的综合分析［J］．中国卫生资源，2010，13（2）：69－71.

［273］张彦琦．重庆市卫生服务系统可持续发展系统动力学模型研究［D］．重庆：第三军医大学，2008.

［274］张艳，柴彦威，颜亚宁．城市社区周边商业环境的特征与评价：基于北京市内 7 个社区的调查［J］．城市发展研究，2008，15（6）：62－69.

［275］张耀灿，梁建新．新自由主义理论演进的历史透视［J］．探索，2005（5）：156－159.

［276］赵丹丹．上海市医疗资源及其纵向整合现状分析［J］．中国卫生资源，2008，11（6）：259－262.

［277］赵万民，李雅兰，魏晓芳，等．非均等化到均等化：基于 GIS 分析的城乡公共服务设施布局研究：以重庆市长寿区公共服务设施规划为例［J］．西部人居环境学刊，2016，31（5）：35－41.

［278］赵向阳，杜洪涛，赵鹏．基于标准化规则的城市 POI 数据库建库研究：以济南市为例［J］．城市勘测，2013（4）：21－24.

［279］赵颖波，王建伟，尹畅，等．基于洛伦兹曲线和基尼系数的我国卫生资源配置公平性研究［J］．中国医院，2018，22（2）：22－25.

［280］郑文升，蒋华雄，艾红如，等．中国基础医疗卫生资源供给水平的区域差异［J］.地理研究，2015，34（11）：2049－2060.

［281］郑宇．城市计算概述［J］．武汉大学学报·信息科学版，2015，40（1）：1－13.

［282］郑泽爽，甄峰．银川城市生活需求的性别差异及规划建议：基于女性主义视角的研究［J］．人文地理，2010，25（4）：50－54.

［283］钟茂初．以新发展理念推动资源型城市转型［J］．国家治理，2018（24）：3－9.

［284］钟少颖，杨鑫，陈锐．层级性公共服务设施空间可达性研究：以北京市综合性医疗设施为例［J］．地理研究，2016，35（4）：731－744.

[285] 周绮凤，李涛．从政策驱动到技术践行：大数据开辟可持续发展研究新途径［J］．大数据，2016，2（1）：114-119.

[286] 周小伍．医疗服务空间可达性及布局优化研究：以武夷山市为例［D］．福州：福建师范大学，2015.

[287] 周晓方，陆嘉恒，李翠平，杜小勇．从数据管理视角看大数据挑战［J］．中国计算机学会通讯，2012，8（9）：16-20.

[288] 周耀虹．转变社会治理方式与扩大公共参与：以上海非政府组织参与公共服务为例［J］．天府新论，2007（6）：83-88.

[289] 朱媛媛，杨毅，李俊杰，等．武汉市公共文化服务设施的空间格局优化研究［J］．华中师范大学学报（自然科学版），2017，51（4）：526-533.

[290] 朱跃州．公立医院医护人员忠诚度对患者满意度影响的研究［D］．南京：南京医科大学，2016.

[291] 祝小宁，白秀银．城乡统筹的公共服务网格机制研究［J］．中国行政管理，2010（9）：88-92.

[292] 宗威，吴锋．大数据时代下数据质量的挑战［J］．西安交通大学学报（社会科学版），2013，33（5）：38-43.

[293] 邹琳，曾刚，曹贤忠，等．长江经济带的经济联系网络空间特征分析［J］．经济地理，2015，35（6）：1-7.